KB217910

EBS 왕초보영어

여행편
Travel

EBS 기획 | 마스터유진 지음

교재 활용법

대화

그림을 보며 동시에 원어민의 대화를 미리 들어보세요.
완벽하게 이해를 못해도 좋습니다. 문장별 해석을 보기 전에 대략의 내용을 상상해 보세요.
대화를 보지 않고 받아쓰기를 해보는 것도 좋은 도전입니다.

* 대화문 mp3 제공

문장별 꿀팁

A: **Hello. How are you today?** 안녕하세요. 오늘 어떠세요?

TIP 단순한 인사의 힘을 간과하지 마세요. 입국심사를 150% 더 수월하게 만듭니다.

B: **Oh, I'm good. Thank you for asking.**

오. 좋아요. 물어봐 주셔서 고마워요.

TIP 이어서 심사관이 "How are you?"라고 되물으면 "I'm good. Thank you."로 대답하세요.

B: **What's the purpose of your visit?** 여행 목적이 어떻게 되나요?

TIP purpose는 '목적'이라는 명사이며 발음은 pur에 강세를 주어 '펄프쓰' 정도로 합니다.

A: **I am visiting my son.** 제 아들을 보러 가요.

TIP 단순히 여행 중이라면 "I am just traveling.(그냥 여행 중이에요.)"이라고 대답하세요.

EBS 왕초보영어 여행편

14

문장별 꿀팁

영어학습의 목표는 소통이며, 여행영어도 예외는 아닙니다.
핵심표현이 들어간 문장만 익히는 것은 의미가 없습니다.
어휘, 문법, 발음, 예시, 문화와 관련된 꿀팁으로 모든 문장에 친숙해지세요.

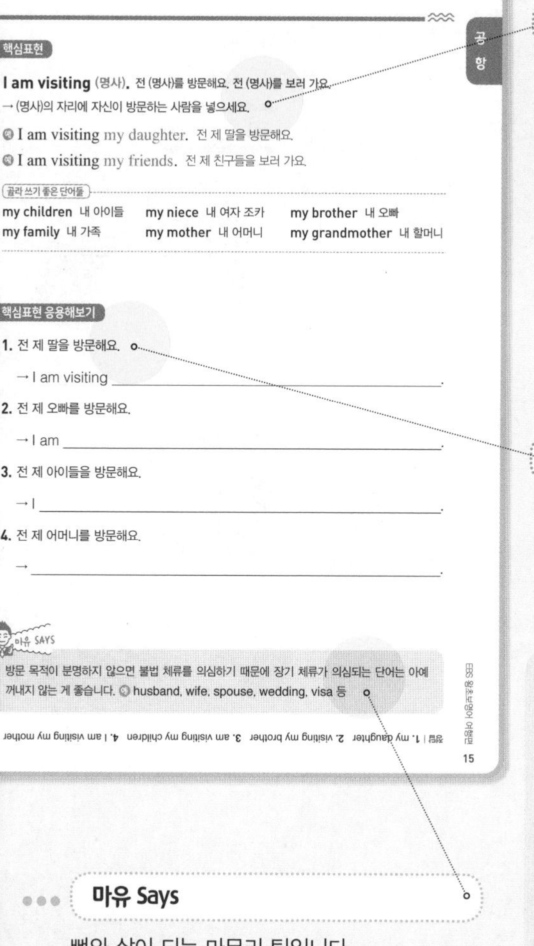

공항

핵심표현

I am visiting (명사). 전 (명사)를 방문해요. 전 (명사)를 보러 가요.

→ (명사)의 자리에 자신이 방문하는 사람을 넣으세요.

I am visiting my daughter. 전 제 딸을 방문해요.

I am visiting my friends. 전 제 친구들을 보러 가요.

골라 쓰기 좋은 단어들

my children 내 아이들	**my niece** 내 여자 조카	**my brother** 내 오빠
my family 내 가족	**my mother** 내 어머니	**my grandmother** 내 할머니

핵심표현 응용해보기

1. 전 제 딸을 방문해요.

→ I am visiting ______________________.

2. 전 제 오빠를 방문해요.

→ I am ______________________.

3. 전 제 아이들을 방문해요.

→ I ______________________.

4. 전 제 어머니를 방문해요.

→ ______________________.

마유 SAYS

방문 목적이 분명하지 않으면 불법 체류를 의심하기 때문에 장기 체류가 의심되는 단어는 아예 꺼내지 않는 게 좋습니다. husband, wife, spouse, wedding, visa 등

정답 | **1.** my daughter **2.** visiting my brother **3.** am visiting my children **4.** I am visiting my mother

EBS 왕초보영어 여행편 15

핵심표현

대화의 핵심이 되는 표현은 자유롭게 응용할 수 있는 패턴으로 설계되어 있습니다.
설명과 예문을 참고하여 '암기'가 아닌 '이해'를 하세요.

핵심표현 응용

막상 상황이 닥쳤을 때 머리에만 맴돌던 정보가 바로바로 입으로 튀어나올 수 있게 체화시키는 훈련 단계입니다.

1단계: 손영작

모르는 단어는 사전을 사용해도 좋습니다.
손영작은 스피드가 생명이므로, 최대한 빠르게 쓰세요.

2단계: 입영작

손영작한 문장을 이번에는 입으로 내뱉으세요.
입영작은 자연스러움이 생명이므로, 표정, 억양, 몸짓을 총동원하여 연기하세요.

마유 Says

뼈와 살이 되는 마무리 팁입니다.
가볍게 알아두셔도 좋습니다.

부록 활용법

단어

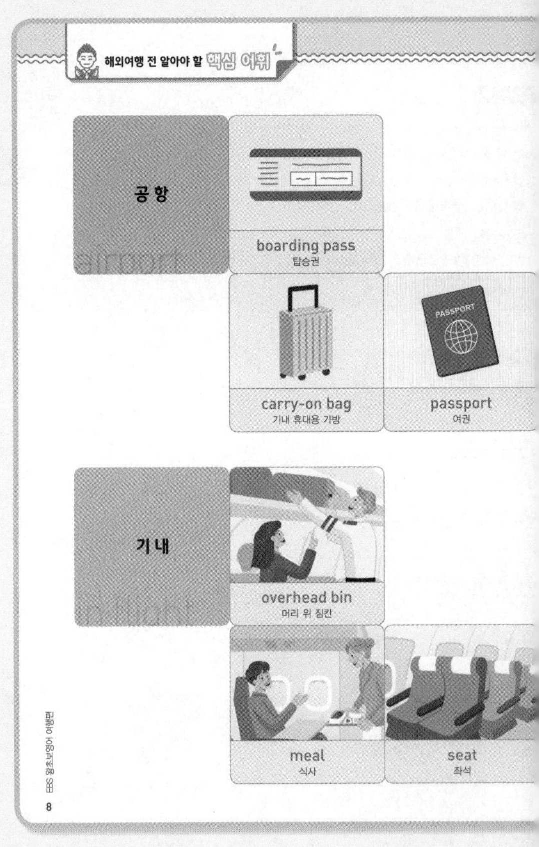

① **단어는 총알과 같습니다.**

↘ 미리 장전해 두어야 들을 수 있고 말할 수 있습니다.

② **의미를 익힌 후 반드시 '소리 내어' + '여러 번' 읽으세요.**

↘ 발음이 완벽할 필요는 없지만 강세는 바르게 줘야 합니다.

③ **공책에 단어만 옮겨 암기하는 것은 금방 잊게 됩니다.**

↘ 해당 단어를 사용하여 간단한 문장을 여러 개 만드세요.

무조건 써먹는 여행용 꿀 문장

암기해도 안 아까운 문장 1

공항

- 마유 항공 탑승 수속대가 어디예요?
  Where is the Mayu Airlines check-in desk?
- 가방 몇 개 부칠 수 있나요?
  How many bags can I check?
- 이 가방에 '취급 주의' 표시해 주세요.
  Please mark this bag as 'fragile.'
- 비행기는 정시에 출발/도착하나요?
  Is the flight on time?
- 시카고에서 짐 찾아야 되나요?
  Do I need to pick up my luggage in Chicago?
- 이 줄 외국인 줄인가요?
  Is this line for foreigners?
- 여권과 탑승권을 준비해 주세요.
  Please have your passport and boarding pass ready.
- 뉴욕행 마유 항공 310편에 대한 마지막 탑승 안내입니다.
  This is the final boarding call for Mayu Airlines flight 310 for New York.

문장 ●●●

① 암기 추천 문장이라고 해서 응용하지 못하는 것은 절대 아닙니다.

➘ 문장에 들어간 명사, 동사, 형용사 등을 바꿔가며 새로운 문장들을 만드세요.

② 절대 눈으로 독해하지 마세요.

➘ 소리 내어 입으로 낭독하세요. 웅얼거리지 마세요.

③ 낭독할 때는 연기하듯 영혼을 담아 실감나게 하세요.

➘ 스터디 멤버와 1:1로 연기 훈련을 하세요. 전혀 부끄럽지 않을 때까지.

이 책의 차례

공항

airport

boarding pass
탑승권

carry-on bag
기내 휴대용 가방

passport
여권

기내

in-flight

overhead bin
머리 위 짐칸

meal
식사

seat
좌석

호텔

hotel

check-in / check-out
체크인/체크아웃

floor
층

front desk
프런트

쇼핑

shopping

receipt
영수증

refund
환불

exchange
교환

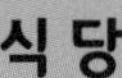

식 당

restaurant

order
주문하다

drink
음료

leftovers
남은 음식

대중교통 및 여행지

mass transit

address
주소

bus stop
버스 정류장

line
줄

기본 에티켓
및
가벼운 대화

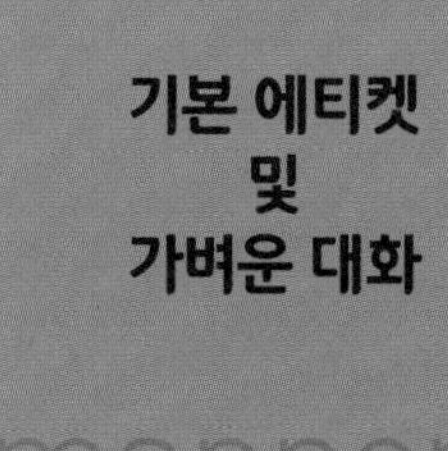

manner

picture / photo
사진

street
길거리

honeymoon
신혼여행

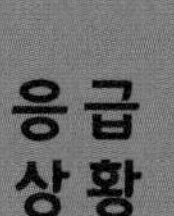

응 급
상 황

emergency

lose
잃어버리다

ambulance
구급차

borrow
빌리다

Chapter 01

공항

01 방문 목적 말하기

02 체류 기간 말하기

03 체류 장소 말하기

04 수화물 부치기

05 기내에 가지고 탈 물건 물어보기

06 환전하기

07 게이트 물어보기

08 탑승 시간 물어보기

09 마중 나온 여행사 직원과 인사하기

10 수화물 찾기

Episode 01 방문 목적 말하기

Immigration

❶ Hello. How are you today?

❷ Oh, I'm good. Thank you for asking.

❸ What's the purpose of your visit?

❹ I am visiting my son.

문장별 꿀팁

A: Hello. How are you today? 안녕하세요. 오늘 어떠세요?

TIP 단순한 인사의 힘을 간과하지 마세요. 입국심사를 150% 더 수월하게 만듭니다.

B: Oh, I'm good. Thank you for asking.

오, 좋아요. 물어봐 주셔서 고마워요.

TIP 이어서 심사관이 "How are you?"라고 되물으면 "I'm good. Thank you."로 대답하세요.

B: What's the purpose of your visit? 여행 목적이 어떻게 되나요?

TIP purpose는 '목적'이라는 명사이며 발음은 pur에 강세를 주어 '펄프쓰' 정도로 합니다.

A: I am visiting my son. 제 아들을 보러 가요.

TIP 단순히 여행 중이라면 "I am just traveling.(그냥 여행 중이에요.)"이라고 대답하세요.

핵심표현

I am visiting (명사). 전 (명사)를 방문해요. 전 (명사)를 보러 가요.

→ (명사)의 자리에 자신이 방문하는 사람을 넣으세요.

예 I am visiting my daughter. 전 제 딸을 방문해요.

예 I am visiting my friends. 전 제 친구들을 보러 가요.

골라 쓰기 좋은 단어들

my children 내 아이들 **my niece** 내 여자 조카 **my brother** 내 오빠
my family 내 가족 **my mother** 내 어머니 **my grandmother** 내 할머니

핵심표현 응용해보기

1. 전 제 딸을 방문해요.

→ I am visiting ____________________.

2. 전 제 오빠를 방문해요.

→ I am ____________________.

3. 전 제 아이들을 방문해요.

→ I ____________________.

4. 전 제 어머니를 방문해요.

→ ____________________.

방문 목적이 분명하지 않으면 불법 체류를 의심하기 때문에 장기 체류가 의심되는 단어는 아예 꺼내지 않는 게 좋습니다. 예 husband, wife, spouse, wedding, visa 등

정답 | **1.** my daughter **2.** visiting my brother **3.** am visiting my children **4.** I am visiting my mother

Episode

02 체류 기간 말하기

문장별 꿀팁

A: Good for you! You must be excited. 잘되셨군요! 신나시겠어요.

TIP you를 다른 사람으로 바꿔 누구에게 잘된 일인지 응용할 수 있습니다. 예 Good for him!

B: Yes, I am. I can't wait. 네. 못 기다리겠네요.

TIP "I can't wait."은 직역하면 '못 기다리겠다.'라는 의미로 뭔가 너무 기대된다는 감탄사로 자주 씁니다.

A: How long are you staying? 얼마나 오래 머무시나요?

TIP How long으로 문장을 시작하면 거리나 기간을 물어보는 질문이 됩니다.

B: I am staying for two weeks. 2주간 머물러요.

TIP 머문다고 표현할 때 stay(머물다)를 써도 되고 visit(방문하다)를 써도 됩니다.

핵심표현

I am staying for (기간). 전 (기간) 동안 머물러요.

→ (기간)의 자리에 자신이 머무는 기간을 넣습니다.

예 I am staying for 3 days. 전 3일 동안 머물러요.

예 I am staying for 1 week. 전 일주일 동안 머물러요.

골라 쓰기 좋은 단어들

1 day 1일	**2 days** 2일	**1 week** 1주	**2 weeks** 2주
1 month 1개월	**2 months** 2개월	**1 year** 1년	**2 years** 2년

핵심표현 응용해보기

1. 전 5일 동안 머물러요.

→ I am staying ______________________.

2. 전 4주 동안 머물러요.

→ I am ______________________.

3. 전 2개월 동안 머물러요.

→ I ______________________.

4. 전 1년 동안 머물러요.

→ ______________________.

무비자인지 일반 비자인지에 따라 허용되는 체류 기간이 다르므로 반드시 확인 후 허용 기간 보다 적게 말해야만 합니다.

예 허용 기간이 2개월일 경우 I'm staying for 3 months.라고 하면 문제가 됨

정답 | **1.** for 5 days **2.** staying for 4 weeks **3.** am staying for 2 months **4.** I am staying for 1 year

Episode 03 체류 장소 말하기

문장별 꿀팁

A: Where are you staying, ma'am? 어디에 머무시나요, 부인?

TIP Where로 문장을 시작하면 위치나 장소를 물어보는 질문이 됩니다.

B: I am staying at the EBS Hotel in New York.

뉴욕에 있는 EBS 호텔에 머물러요.

TIP '~에, ~에서'란 말을 할 때는 나라, 주, 도시 앞에 무조건 in을 사용합니다.

A: OK. Enjoy your stay. 알겠습니다. 머무시는 동안 즐거운 시간 되세요.

TIP 여기서 stay는 '머물다'라는 동사가 아니라 '체류, 방문'이라는 명사입니다.

B: Thank you. Have a nice day. 고맙습니다. 좋은 하루 되세요.

TIP 저녁이나 밤에 도착했다면 "Have a nice evening.(좋은 저녁 되세요.)"이 적당합니다.

핵심표현

I am staying at (숙박시설명) **in** (주/도시). (주/도시)에 있는 (숙박시설명)에 머물러요.

→ (주/도시)의 자리에 숙박시설이 위치한 주나 도시를 넣으세요.

예 I am staying at the Mayu Hotel in California.

전 캘리포니아에 있는 마유 호텔에 머물러요.

예 I am staying at the Peter Resort in Chicago.

전 시카고에 있는 피터 리조트에 머물러요.

골라 쓰기 좋은 단어들

my friend's place 제 친구가 사는 곳

my son's apartment 제 아들의 아파트

the EBS Hotel EBS 호텔

the EBS Resort EBS 리조트

a convention center 컨벤션 센터 (회의 · 전시장이나 숙박시설을 갖춘 장소)

핵심표현 응용해보기

1. 전 토론토에 있는 WCB 호텔에 머물러요.

→ I am staying at ______________ in ______________.

2. 전 플로리다에 있는 마유 리조트에 머물러요.

→ I am staying ______________________________.

3. 전 LA에 있는 제 친구가 사는 곳에 머물러요.

→ I am ______________________________.

4. 전 파리에 있는 제 아들의 아파트에 머물러요.

→ ______________________________.

지인이 사는 곳에 머물 때는 at my friend's place 또는 줄여서 at my friend's라고 해도 됩니다. 예 house나 apartment보다 place라고 하는 것이 더욱 포괄적이라 추천합니다.

정답 | **1.** the WCB Hotel, Toronto **2.** at the Mayu Resort in Florida **3.** staying at my friend's place in LA **4.** I am staying at my son's apartment in Paris

Episode

04 수화물 부치기

문장별 꿀팁

A: How many bags do you have? 가방 몇 개를 가지고 계시죠?

TIP How many로 문장을 시작하면 무언가의 개수를 물어보는 질문이 됩니다.

B: I have two suitcases and one carry-on bag.

여행 가방 두 개하고 기내 휴대용 가방 하나 가지고 있어요.

TIP 기내 휴대용 가방을 캐리어(carrier)라고 하는 것은 콩글리시입니다. carry-on bag 또는 carry-on이라고 해야 합니다.

B: I'm only checking the suitcases. 여행 가방만 부칠 거예요.

TIP 가방을 부치는 수속을 밟는 것을 영어로는 check한다고 합니다.

A: OK. Please put them on the scale. 네. 가방들을 저울에 올려 주세요.

TIP 부치는 가방이 한 개라면 them(그것들) 대신 it(그것)이라고 합니다.

핵심표현

I have (가방의 개수와 종류). (가방의 개수와 종류)를 가지고 있어요.

→ 부칠 가방과 기내에 가지고 탈 가방을 구분해서 말해 주면 좋습니다.

예 I have 2 suitcases and 2 carry-on bags.

여행 가방 2개랑 기내 휴대용 가방 2개를 가지고 있어요.

예 I have 1 suitcase and 1 backpack. 여행 가방 1개랑 배낭 1개를 가지고 있어요.

골라 쓰기 좋은 단어들

suitcase 여행 가방 **carry-on bag** 기내 휴대용 가방 **carry-on** 기내 휴대용 가방
backpack 배낭 **briefcase** 서류 가방 **golf cart bag** 골프 가방

핵심표현 응용해보기

1. 여행 가방 3개랑 기내 휴대용 가방 1개를 가지고 있어요.

→ I have 3 ____________ and 1 ____________.

2. 여행 가방 1개랑 기내 휴대용 가방 2개를 가지고 있어요.

→ I have ____________ and ____________.

3. 여행 가방 2개랑 배낭 1개를 가지고 있어요.

→ I have ________________________.

4. 여행 가방 2개랑 골프 가방 1개를 가지고 있어요.

→ ________________________.

복잡하게 느껴진다면 부칠 가방이 몇 개인지만 얘기해도 문제는 없습니다. 예 I have 2 bags.
또한, 부치는 가방을 자물쇠로 잠그면 안 됩니다. 저울에 올리기 전에 미리 풀어 두세요.

정답 | **1.** suitcases, carry-on (bag) **2.** 1 suitcase, 2 carry-on(bag) **3.** 2 suitcases and 1 backpack **4.** I have 2 suitcases and 1 golf cart bag

Episode

05 기내에 가지고 탈 물건 물어보기

문장별 꿀팁

A: Can I take this water on the plane?

이 물을 비행기에 가지고 타도 되나요?

TIP 비행기, 버스, 배, 기차에 '~에, ~에서'라는 말을 넣고 싶다면 앞에 in이 아닌 on을 씁니다.

B: I'm sorry. You can't. 죄송합니다. 그러실 수 없어요.

TIP 여기서 "You can't."는 "You can't take the water on the plane."을 줄인 것입니다.

A: But it's just a bottle of water. 하지만 그냥 물 한 병인데요.

TIP a bottle of wine (와인 한 병) / a bottle of milk (우유 한 병) 등으로 응용해 보세요.

B: Again, it's the policy. 다시 말씀드리지만, 정책이 그렇습니다.

TIP policy(정책)라는 단어는 '팔러씨'에 가깝게 발음합니다.

핵심표현

Can I take (명사) on the plane? (명사)를 비행기에 가지고 타도 되나요?

→ (명사)의 자리에 가지고 타고 싶은 물건을 넣으세요. plane 대신 bus, ship, train도 써 보세요.

예 Can I take this coffee on the plane? 이 커피를 비행기에 가지고 타도 되나요?

예 Can I take a bottle of water on the plane?
물 한 병을 비행기에 가지고 타도 되나요?

골라 쓰기 좋은 단어들

this drink 이 음료
a bottle of wine 와인 한 병
this facial cream 이 얼굴 크림
these snacks 이 간식들
this sunscreen 이 선크림
these batteries 이 배터리들

핵심표현 응용해보기

1. 와인 한 병을 비행기에 가지고 타도 되나요?

→ Can I take a ______________________ on the plane?

2. 이 선크림을 비행기에 가지고 타도 되나요?

→ Can I take ______________ on the ______________?

3. 이 샌드위치를 비행기에 가지고 타도 되나요?

→ Can I ______________ this sandwich ______________?

4. 이 배터리들을 비행기에 가지고 타도 되나요?

→ ____?

마유 SAYS

액체로 된 내용물이라 해도 용량에 따라 허용될 수도 있기 때문에 꺼내서 육안으로 확인시키며 물어보는 게 좋습니다. 이럴 경우, 물건 앞에 this/these를 추가해 쓰면 좋습니다.

예 this lotion (이 로션) / these bottles (이 병들)

정답 | **1.** bottle of wine **2.** this sunscreen, plane **3.** take, on the plane
4. Can I take these batteries on the plane

Episode 06 환전하기

CURRENCY EXCHANGE

❶ Can I exchange US dollars to Korean won?

❷ Sure. Can I see your ID first?

❸ Here you go. What's the exchange rate?

❹ You will get 980 won for every dollar.

문장별 꿀팁

A: Can I exchange US dollars to Korean won?
미국 달러를 원화로 환전할 수 있을까요?

TIP 화폐 단위를 말할 때 dollar를 제외한 대부분은 단수로 사용합니다. 예 won, yen

B: Sure. Can I see your ID first? 그럼요. 신분증부터 볼 수 있을까요?

TIP 문장 맨 뒤에 first를 추가하면 그 행동부터 한다는 의미가 됩니다.

A: Here you go. What's the exchange rate? 여기 있어요. 환율이 어떻게 되나요?

TIP exchange rate는 '환율'이라는 뜻의 명사입니다.

B: You will get 980 won for every dollar. 1달러당 980원을 받으실 거예요.

TIP 'for every (단위)'는 '(단위)당'이라는 뜻입니다. 예 for every won(1원당)

핵심표현

Can I exchange (화폐1) **to** (화폐2)**?** (화폐1)을 (화폐2)로 환전할 수 있을까요?

→ (화폐1)에 환전하고 싶은 실제 금액을 넣어도 됩니다.

예 Can I exchange Korean won to US dollars?

원화를 미국 달러로 환전할 수 있을까요?

예 Can I exchange 10 dollars to Japanese yen?

10달러를 일본 엔으로 환전할 수 있을까요?

골라 쓰기 좋은 단어들

Korean won 원화	**Japanese yen** 일본 엔	**Euro** 유로
US dollars 미국 달러	**Canadian dollars** 캐나다 달러	**10 dollars** 10달러

핵심표현 응용해보기

1. 원화를 일본 엔으로 환전할 수 있을까요?

→ Can I exchange ____________ to ____________?

2. 원화를 캐나다 달러로 환전할 수 있을까요?

→ Can I ____________ Korean won ____________ Canadian dollars?

3. 캐나다 달러를 원화로 환전할 수 있을까요?

→ Can I ________________________ to Korean won?

4. 유로를 원화로 환전할 수 있을까요?

→ ____?

환율은 시시각각 변동될 수 있으므로 전액을 국내에서 환전하기 보다는 50% 정도만 하는 걸 추천합니다. 공항보다는 현지 로컬 은행이 수수료가 적습니다.

정답 | **1.** Korean won, Japanese yen **2.** exchange, to **3.** exchange Canadian dollars
4. Can I exchange Euros to Korean won

Episode

07 게이트 물어보기

❶Excuse me.
Which way is Gate 10?

❷I think I'm lost.

❸Let me see your boarding pass.

❹You have to go this way.

문장별 꿀팁

A: Excuse me. Which way is Gate 10?

실례합니다. 10번 게이트가 어느 쪽이죠?

TIP Which way로 문장을 시작하면 방향을 물어보는 질문이 됩니다.

A: I think I'm lost. 길을 잃은 거 같아요.

TIP "I'm lost."는 상대방의 설명이 어려워 이해하지 못했다는 말도 됩니다.

B: Let me see your boarding pass. 탑승권 좀 보여 주세요.

TIP 탑승권은 boarding pass 또는 plane ticket이라고 합니다.

B: You have to go this way. 이쪽으로 가셔야 해요.

TIP '이쪽으로'는 this way, '저쪽으로'는 that way입니다.

핵심표현

Which way is (목적지)**?** (목적지)가 어느 쪽이죠?

→ (목적지)의 자리에 게이트 외에도 건물, 길, 지표 등을 넣어 응용할 수 있습니다.

예 Which way is Gate 2? 2번 게이트가 어느 쪽이죠?

예 Which way is Central Park? 센트럴 파크가 어느 쪽이죠?

골라 쓰기 좋은 단어들

Gate 1 1번 게이트
Universal Studios 유니버셜 스튜디오
Mayu Hote 마유 호텔
EBS Street EBS로
The White House 백악관
123 Main Street Main Street 123번지

핵심표현 응용해보기

1. 7번 게이트가 어느 쪽이죠?

→ Which way is ____________________?

2. 23번 게이트가 어느 쪽이죠?

→ Which ____________ is ____________?

3. 디즈니랜드가 어느 쪽이죠?

→ Which ____________________?

4. Mayu Street이 어느 쪽이죠?

→ ____________________?

숫자를 잘못 발음하면 상대방이 잘못된 방향을 알려줄 수 있기 때문에 정확히 발음하는 연습이 필요합니다. 특히, -teen을 -ty로 잘못 발음하는 경우가 많으니 주의하세요.

예 eighteen을 eighty로 잘못 발음

정답 | **1.** Gate 7 **2.** way, Gate 23 **3.** way is Disneyland **4.** Which way is Mayu Street

탑승 시간 물어보기

문장별 꿀팁

A: Am I at the right gate? 제가 맞는 게이트에 있는 건가요?

TIP 보통 right(맞는) 앞에는 the가 붙습니다.

B: Yes, you are. 네, 맞아요.

TIP 여기서 "Yes, you are."는 "Yes, you are at the right gate."를 줄인 것입니다.

A: What time does boarding start? 탑승은 몇 시에 시작하나요?

TIP What time으로 문장을 시작하면 시간을 물어보는 질문이 됩니다.

B: It starts in 5 minutes. 5분 있다가 시작합니다.

TIP in은 '얼마 안에'가 아니라 '얼마 있다가'라는 의미의 전치사입니다.

핵심표현

What time does (명사) start? (명사)는 몇 시에 시작하나요?

→ (명사)의 자리에 탑승(boarding)이란 단어 외에 공연, 영화들도 넣어 응용해 보세요.

예 What time does the show start? 그 쇼는 몇 시에 시작하나요?

예 What time does the game start? 그 게임은 몇 시에 시작하나요?

골라 쓰기 좋은 단어들

boarding 탑승 **the concert** 콘서트 **the seminar** 세미나
the performance 공연 **the movie** 영화 **the meeting** 회의

핵심표현 응용해보기

1. 콘서트가 몇 시에 시작하나요?

→ What time does the ______________________ start?

2. 영화가 몇 시에 시작하나요?

→ What time does the ______________________?

3. 공연은 몇 시에 시작하나요?

→ What time ______________________?

4. 회의는 몇 시에 시작하나요?

→ ______________________?

시작 시간을 물어볼 때 What time 대신 When을 써도 문제는 없지만 When은 날짜를 물어 보는 질문도 되기 때문에 혼동을 줄이기 위해 What time을 추천합니다.

정답 | **1.** concert **2.** movie start **3.** does the performance start **4.** What time does the meeting start

09 마중 나온 여행사 직원과 인사하기

❶ Are you Ms. Sohee Kim?

❷ Yes! Are you from the EBS Travel Agency?

❸ Yes, I am. My name is Eddie.

❹ Thank you for waiting for me.

문장별 꿀팁

A: Are you Ms. Sohee Kim? 김소희 씨인가요?

TIP 여자의 혼인 여부를 모른다면 Mrs. 대신 Ms. 또는 Miss로 부르는 게 현명합니다.

B: Yes! Are you from the EBS Travel Agency?

네! EBS 여행사에서 나오셨나요?

TIP from은 어디 출신인지 또는 어디 소속인지를 표현할 때 사용합니다.

A: Yes, I am. My name is Eddie. 네, 맞아요. 제 이름은 Eddie입니다.

TIP 소개를 할 때 "My name is ○○○." 대신 "I am ○○○."을 쓰면 더욱 캐주얼합니다.

B: Thank you for waiting for me. 절 기다려 주셔서 고마워요.

TIP 누구를 기다린다는 표현을 할 때는 wait someone이 아니라 wait for someone으로 쓰세요.

핵심표현

Are you from (명사)? (명사)에서 나오셨나요?

→ 여기서 (명사)는 회사명, 부서명 등이 될 수 있습니다.

예 Are you from Mayu Travel Agency? 마유 여행사에서 나오셨나요?

예 Are you from the marketing department? 마케팅부서에서 나오셨나요?

골라 쓰기 좋은 단어들

EBS Travel Agency EBS 여행사
Mayu Company 마유 컴퍼니
the Peter Hotel 피터 호텔
the accounting department 회계부서
the sales department 판매부서

핵심표현 응용해보기

1. 뉴욕 여행사에서 나오셨나요?

→ Are you from ______________________________?

2. 피터 컴퍼니에서 나오셨나요?

→ Are you ______________________________?

3. 판매부서에서 나오셨나요?

→ Are ______________________________?

4. EBS 호텔에서 나오셨나요?

→ ______________________________?

비행기 연착은 본인의 잘못이 아니지만, 픽업서비스를 나온 사람에게 고마움과 미안함을 전하는 것은 기본 예의입니다. 그런 의미에서 Thank you for waiting for me. (절 기다려 주셔서 고마워요.)는 무조건 익혀 두세요.

정답 | **1.** New York Travel Agency **2.** from Peter Company **3.** you from the sales department **4.** Are you from the EBS Hotel

Episode 10 수화물 찾기

❶My bag is not coming out.

❷What airline did you fly?

❸I flew EBS Airlines from Korea. The flight number was E123.

❹I'll go and check what's going on.

문장별 꿀팁

A: My bag is not coming out. 제 가방이 안 나오고 있는데요.

TIP come out은 come(오다)과 out(밖으로)이 합쳐져 '나오다'란 의미가 된 동사구입니다.

B: What airline did you fly? 무슨 항공사로 오셨죠?

TIP fly는 '날다'라는 의미 외에 '비행기로 이동하다' 또는 '비행기를 조종하다'라는 의미도 됩니다.

A: I flew EBS Airlines from Korea. The flight number was E123. 한국에서 EBS 항공으로 왔어요. 비행편은 E123이었고요.

TIP flew는 fly의 과거형 동사입니다.

B: I'll go and check what's going on. 가서 무슨 일인지 확인해 보겠습니다.

TIP I'll은 I will을 줄인 표현으로 발음은 '알' 정도로 짧게 들릴 것입니다.

핵심표현

I flew (항공사 이름) **from** (출발지). (출발지)에서 (항공사 이름)으로 왔어요.

→ (출발지)에는 나라를 넣어도 되지만, 이왕이면 도시를 넣는 것이 더 좋습니다.

예 I flew Mayu Airlines from Incheon. 인천에서 마유 항공으로 왔어요.

예 I flew Peter Airlines from LA. LA에서 피터 항공으로 왔어요.

골라 쓰기 좋은 단어들

Mayu Airlines 마유 항공 **EBS Air** EBS 항공
Chicago 시카고 **New Jersey** 뉴저지 **France** 프랑스

핵심표현 응용해보기

1. 베이징에서 Love 항공으로 왔어요.

→ I flew Love Airlines from ______________________.

2. 오사카에서 마유 항공으로 왔어요.

→ I flew ______________ from ______________.

3. 서울에서 아시아 항공으로 왔어요.

→ I ______________ Asia Airlines ______________ Seoul.

4. 샌프란시스코에서 AAA 항공으로 왔어요.

→ ______________________________________.

항공사 이름과 출발지 외에 항공편을 정확히 얘기해 주면 더욱 도움이 될 수 있습니다.

예 The flight number is E123. (제 항공편은 E123이에요.)

정답 | **1.** Beijing **2.** Mayu Airlines, Osaka **3.** flew, from **4.** I flew AAA Airlines from San Francisco

Chapter 02

기내

Episode
01 자리 찾기

문장별 꿀팁

A: Can you help me find my seat? 제 좌석 찾는 거 도와줄 수 있나요?

TIP "Can you find my seat?(제 좌석 찾아줄 수 있나요?)"보다 예의 바른 느낌을 줍니다.

B: Sure! Let me see your boarding pass.

그럼요! 탑승권 좀 보여 주세요.

TIP Let me see로 문장을 시작하면 뭔가를 보여 달라는 부탁이 됩니다.

A: Here. It's 14C. 여기요. 14C네요.

TIP 뭔가를 제시할 때는 "Here." 또는 "Here it is." 정도로 답하면 좋습니다.

B: Follow me this way please. 이쪽으로 절 따라와 주세요.

TIP this way는 '이쪽으로'라는 뜻이며, that way는 '저쪽으로'라는 뜻입니다.

핵심표현

Can you help me (동사원형)? (동사원형)하는 거 도와줄 수 있나요?

→ (동사원형)의 자리에 도움이 필요한 행동을 넣으세요.

예 Can you help me find the gate? 게이트 찾는 거 도와줄 수 있나요?

예 Can you help me move this cart? 이 카트 옮기는 거 도와줄 수 있나요?

골라 쓰기 좋은 단어들

find my room 내 방을 찾다

lift my bag 내 가방을 들어 올리다

carry my bag 내 가방을 들고 가다

fill out this form 이 양식을 작성하다

핵심표현 응용해보기

1. 제 방 찾는 거 도와줄 수 있나요?

→ Can you help me ____________________?

2. 제 가방 들고 가는 거 도와줄 수 있나요?

→ Can you __________ me __________ my bag?

3. 제 가방 들어 올리는 거 도와줄 수 있나요?

→ Can you ____________________?

4. 이 양식 작성하는 거 도와줄 수 있나요?

→ ____________________?

이번 핵심표현은 비행기 좌석을 찾는 것 외에 슈퍼마켓 등에서 물건을 찾을 때도 매우 유용합니다. 동사원형 자리에 find를 쓰고, 뒤에 찾는 물건만 추가해 주면 되겠죠?

예 Can you help me find milk? (우유 찾는 거 도와줄 수 있나요?)

정답 | **1.** find my room **2.** help, carry **3.** help me lift my bag **4.** Can you help me fill out this form

Episode 02 자리 바꾸기

문장별 꿀팁

A: Do you mind switching seats with me?
저랑 자리 바꾸는 거 꺼리실까요?

TIP switch seats는 '자리를 서로 바꾸다'라는 동사이며 누구와 바꾸는지는 뒤에 with와 함께 추가합니다.

A: I want to sit next to my grandmother. 저희 할머니 옆에 앉고 싶어서요.

TIP next to는 '~의 옆에'라는 의미입니다.

B: That's not a problem. 문제되지 않죠.

TIP "That's no problem."이라고 해도 의미는 같습니다.

B: Let me get my bag first. 제 가방부터 챙길게요.

TIP Let me로 문장을 시작하면 '~할게요'라는 말이 됩니다.

핵심표현

Do you mind (~ing)? (~ing)하는 거 꺼리실까요?

→ Do you mind를 '괜찮나요?'라고 의역하지 말고 '꺼리실까요?'라고 직역해서 받아들이세요.

예 Do you mind helping me? 절 도와주는 거 꺼리실까요?

예 Do you mind moving your bag? 당신의 가방을 옮기는 거 꺼리실까요?

골라 쓰기 좋은 단어들

waiting here 여기서 기다려 주는 것
smoking somewhere else 다른 곳에서 흡연하는 것
keeping it down 조용히 해 주는 것 **moving your car** 당신의 차를 옮기는 것

핵심표현 응용해보기

1. 여기서 기다려 주는 거 꺼리실까요?

→ Do you mind ______________________________?

2. 다른 곳에서 흡연하는 거 꺼리실까요?

→ Do you ______________ smoking ______________ else?

3. 조용히 해주는 거 꺼리실까요?

→ Do you ______________________________?

4. 당신의 차를 옮기는 거 꺼리실까요?

→ ______________________________?

반대로, 상대방에게서 Do you mind로 질문을 받을 경우 그 행동이 꺼려진다면 Yes., 꺼려지지 않는다면 No.라고 대답하세요.

정답 | **1.** waiting here **2.** mind, somewhere **3.** mind keeping it down
4. Do you mind moving your car

Episode

03 가방 올려 달라고 부탁하기

문장별 꿀팁

A: Could you help me with my bag? 제 가방에 대해 저를 좀 도와줄 수 있을까요?

TIP 이 말은 문맥상 '가방을 들어 올리는 것'을 도와 달라는 의미입니다.

A: I can't reach the overhead bin. 짐칸에 닿지가 않아서요.

TIP reach 뒤에 명사를 쓰면 그것에 손이 닿는다는 말입니다.

예 reach the ceiling (천장에 닿다)

B: Sure, I can help you. 그럼요, 도와드릴 수 있죠.

TIP Sure 대신 Of course를 써도 의미는 같습니다.

B: Wow, your bag is quite heavy. 와, 가방이 꽤나 무겁네요.

TIP heavy (무거운)의 반대는 light (가벼운)입니다.

기내

핵심표현

Could you help me with (명사)**?** (명사)에 대해 저를 좀 도와줄 수 있을까요?

→ (명사)의 자리에 도움이 필요한 물건 등을 넣습니다.

예 Could you help me with this chair? 이 의자에 대해 저를 좀 도와줄 수 있을까요?

예 Could you help me with this form? 이 양식에 대해 저를 좀 도와줄 수 있을까요?

골라 쓰기 좋은 단어들

my bag 내 가방
this box 이 상자
this form 이 양식
my suitcase 내 여행 가방
my carry-on bag 내 기내 휴대용 가방
these headphones 이 헤드폰

핵심표현 응용해보기

1. 제 가방에 대해 절 좀 도와줄 수 있을까요?

→ Could you help me with ______________________?

2. 이 상자에 대해 절 좀 도와줄 수 있을까요?

→ Could you help ____________ with ____________?

3. 제 기내 휴대용 가방에 대해 절 좀 도와줄 수 있을까요?

→ ________ you ________ me ________ my carry-on bag?

4. 이 양식에 대해 절 좀 도와줄 수 있을까요?

→ ______________________________________?

overhead bin(짐칸)에 가방을 올려 주는 것은 승무원에게 의무화가 되어있지 않으므로 거부를 당할 수도 있습니다. 이럴 경우 강하게 따지면 심각한 곤경에 처할 수 있으므로 주위 탑승객에게 부탁하는 것이 좋습니다.

정답 | **1.** my bag **2.** me, this box **3.** Could, help, with **4.** Could you help me with this form

Episode

04 기내 식사 고르기

문장별 꿀팁

A: What would you like for your meal? 식사는 뭐로 하시겠어요?

TIP meal은 '식사'이며 snack은 '간식'이란 뜻입니다.

B: Oh, what do you have? 오, 뭐가 있는데요?

TIP 여기서 what은 what kind of food(어떤 류의 음식)를 줄인 말입니다.

A: We have beef and fish. 소고기와 생선이 있습니다.

TIP 아예 "Would you like beef or fish?(소고기를 원하세요 생선을 원하세요?)"라고 물어볼 수도 있습니다.

B: I'll have beef. 소고기로 할게요.

TIP have 대신 get을 써도 의미는 같습니다.

기내

핵심표현

I'll have (명사). (명사)로 할게요.

→ beef나 fish는 셀 수 없는 명사로 취급하므로 관사(a/an)를 넣지 마세요.

예 I'll have fish. 생선으로 할게요.

예 I'll have a sandwich. 샌드위치로 할게요.

골라 쓰기 좋은 단어들

pork 돼지고기	**fish** 생선	**a sandwich** 샌드위치
salad 샐러드	**sushi rolls** 스시롤	**pasta** 파스타

핵심표현 응용해보기

1. 샐러드로 할게요.

→ I'll have ______________________.

2. 스시롤로 할게요.

→ I'll ______________________.

3. 파스타로 할게요.

→ ____________ have ____________.

4. 돼지고기로 할게요.

→ ______________________.

해외 항공사는 냄새 등의 이유로 식사를 샌드위치류로 대체하는 경우가 많습니다.
원하는 메뉴가 없다면 Do you have anything else? (다른 건 없나요?)라고 물어보세요.

정답 | **1.** salad **2.** have sushi rolls **3.** I'll, pasta **4.** I'll have pork

Episode

05 기내 음료 고르기

문장별 꿀팁

A: What would you like to drink? 무엇을 마시고 싶으신가요?

TIP "Would you like a drink?(음료를 원하시나요?)"라고 물어볼 수도 있습니다.

B: I would like a glass of wine. 와인 한 잔 주세요.

TIP would like는 want보다 예의 바른 표현입니다.

A: We have a red wine and a white wine.

레드 와인과 화이트 와인이 있습니다.

TIP wine 앞에 a를 넣으면 '한 잔'이란 의미가 될 수도 있고 '한 병'이란 의미가 될 수도 있습니다.

B: I prefer red wine. 레드 와인을 더 좋아해요.

TIP prefer는 '선호하다, 더 좋아하다'라는 동사입니다. fer에 강세를 주어 발음합니다.

기내

핵심표현

I would like (명사)**.** (명사)를 주세요.

→ (명사)의 자리에 음료의 종류만 넣거나 a glass of 등 용기를 나타내는 단어를 추가해도 좋습니다.

예 I would like some coffee. 커피 주세요.

예 I would like a cup of coffee. 커피 한 잔 주세요.

골라 쓰기 좋은 단어들

some water 물	**some beer** 맥주	**a glass of water** 물 한 잔
a cola 콜라	**some tea** 차	**hot milk** 뜨거운 우유

핵심표현 응용해보기

1. 물 주세요.

→ I would like ______________________________.

2. 콜라 주세요.

→ I would ______________________________.

3. 차 좀 주세요.

→ I ______________________________.

4. 물 한 잔 주세요.

→ ______________________________.

음료 앞에 함께 추가하면 좋은 덩어리 표현입니다.

예 a glass of (명사) → (명사) 한 잔　　a cup of (명사) → (명사) 한 컵

some (명사) → (명사) 조금

정답 | **1.** some water **2.** like a cola **3.** would like some tea **4.** I would like a glass of water

Episode

06 식사 놓쳤다고 말하기

문장별 꿀팁

A: Excuse me, but I think I missed my meal.

실례지만 제 식사를 놓친 거 같아요.

TIP "Excuse me."는 부탁이나 문의를 할 때 기본입니다. 문장 앞에 넣는 습관을 들이세요.

B: I see. Do you want one now? 알겠습니다. 지금 드시겠어요?

TIP "I see."는 "OK."와 같은 표현입니다.

A: Yes, I am pretty hungry. 네, 배가 꽤나 고파서요.

TIP hungry보다 더 배고프다고 강조하고 싶다면 starving을 쓰세요. 예 I am starving.

B: OK. I'll be back with your meal. 알겠습니다. 식사를 가지고 오겠습니다.

TIP meal은 '식사', food는 '음식', snack은 '간식'을 의미합니다.

핵심표현

I think I missed (명사). (명사)를 놓친 거 같아요.

→ 여기서 I think는 자신의 생각을 더하는 말이기 때문에 생략해도 무방합니다.

예 I think I missed my bus. 제 버스를 놓친 거 같아요.

예 I think I missed the show. 그 쇼를 놓친 거 같아요.

골라 쓰기 좋은 단어들

my flight 내 항공편	**my turn** 내 차례	**my train** 내 열차
the shuttle 셔틀버스	**your call** 당신의 전화	**my bus** 내 버스

핵심표현 응용해보기

1. 제 항공편을 놓친 거 같아요.

→ I think I missed ____________________.

2. 제 차례를 놓친 거 같아요.

→ I think I ____________ my ____________.

3. 셔틀버스를 놓친 거 같아요.

→ I think ____________________.

4. 제 열차를 놓친 거 같아요.

→ ____________________.

식사를 놓쳐도 냄새 등 다양한 이유로 식사를 다시 주지 않는 비행사가 대부분입니다.
식사 재요청이 거부되었다면 Can I have some snacks? (간식 좀 주실 수 있나요?)를 사용하세요.

정답 | **1.** my flight **2.** missed, turn **3.** I missed the shuttle **4.** I think I missed my train

간식이나 음료 부탁하기

문장별 꿀팁

A: Can you bring me some water? 물을 좀 가져다주실 수 있나요?

TIP bring(가져오다)은 take(가져가다)의 반대의 뜻을 가진 동사입니다.

B: Sure, anything else? 그럼요, 그밖에 또 필요하신 게 있나요?

TIP "Anything else?"는 "Do you need anything else?"를 줄인 말입니다.

A: A light snack would be nice. 가벼운 간식도 주시면 좋죠.

TIP nice 대신 great을 써도 좋습니다.

B: OK. I'll be right back. 네. 바로 돌아오겠습니다.

TIP right은 '바로'라는 말로, 뒤에 따라오는 단어를 강조해 줍니다. 예 right here (바로 여기)

핵심표현

Can you bring me (명사)**?** (명사)를 좀 가져다주실 수 있나요?

→ bring 대신 get을 써도 의미는 같습니다. Can you get me (명사)?

예 Can you get me a soda? 탄산음료 좀 가져다주실 수 있나요?

예 Can you get me something to drink? 마실 것 좀 가져다주실 수 있나요?

골라 쓰기 좋은 단어들

a snack 간식	**headphones** 헤드폰	**some hot water** 뜨거운 물
a blanket 담요	**a sleep mask** 수면 마스크	**some iced water** 차가운 물

핵심표현 응용해보기

1. 헤드폰을 좀 가져다주실 수 있나요?

→ Can you bring me ________________________?

2. 담요를 좀 가져다주실 수 있나요?

→ Can you ______________ me ______________?

3. 수면 마스크를 좀 가져다주실 수 있나요?

→ ______________ you ______________ me ______________?

4. 뜨거운 물을 좀 가져다주실 수 있나요?

→ ____?

Can you 대신 Could you로 문장을 시작하면 더욱 예의 바르게 부탁하는 느낌을 줍니다. 그렇다고 해서 Can you를 쓰는 것이 예의 없거나 무례한 것은 절대 아닙니다.

정답 | **1.** headphones **2.** bring, a blanket **3.** Can, bring, a sleep mask **4.** Can you bring me some hot water

헤드폰이 고장이라고 말하기

❶Excuse me, these headphones are not working.

❷I think they are broken.

❸Let me see.

❹You're right. I'll get you new ones.

문장별 꿀팁

A: Excuse me, these headphones are not working.

실례지만 이 헤드폰이 작동을 안 해요.

TIP 헤드폰은 스피커가 양쪽으로 되어 있기 때문에 복수로 사용합니다.

A: I think they are broken. 고장 난 것 같아요.

TIP broken은 '고장 난, 깨진, 끊어진' 등으로 해석되는 형용사입니다.

B: Let me see. 어디 좀 볼게요.

TIP 비슷하게는 "Let me check.(확인해 볼게요.)"가 있습니다. *자주 사용하기 때문에 암기 추천

B: You're right. I'll get you new ones. 맞네요. 새 것으로 가져다 드릴게요.

TIP 여기서 get은 bring(가져오다)의 의미로 쓴 것입니다.

기내

핵심표현

(명사) **is/are not working.** (명사)가 작동을 안 해요.

→ (명사)가 단수명사면 is를, 복수명사면 are를 사용하세요.

예 This monitor is not working. 이 모니터가 작동을 안 해요.

예 These earphones are not working. 이 이어폰이 작동을 안 해요.

골라 쓰기 좋은 단어들

this button 이 버튼 / **these buttons** 이 버튼들
the light 등 / **the TV** 텔레비전
this vending machine 이 자판기 / **the heater** 난방기

핵심표현 응용해보기

1. 이 버튼이 작동을 안 해요.

→ ______________________ is not working.

2. 이 버튼들이 작동을 안 해요.

→ ______________________ not working.

3. 등이 작동을 안 해요.

→ ______________ is not ______________.

4. 이 자판기가 작동을 안 해요.

→ ______________________________.

혹시 모르니 I didn't break it. (제가 고장 낸 게 아니에요.)도 알아 두세요.
참고로 work는 '일하다' 외에 '작동하다, 효과가 있다'라는 의미도 됩니다.

정답 | **1.** This button **2.** These buttons are **3.** The light, working **4.** This vending machine is not working

불 꺼 달라고 부탁하기

❶Could you turn off the light?

❷I'm trying to sleep.

❸Oh, I'm sorry.
I'll do that right away.

❹Give me just a second.

문장별 꿀팁

A: Could you turn off the light? 불 좀 꺼 주실 수 있을까요?

TIP turn off(끄다)의 반대는 turn on(켜다)입니다.

A: I'm trying to sleep. 자려고 하고 있어서요.

TIP try to 뒤에 이렇게 동사원형을 넣으면 그 행동을 하려고 '노력한다'는 패턴이 됩니다.

B: Oh, I'm sorry. I'll do that right away. 오, 죄송해요. 바로 끌게요.

TIP right away는 immediately와 같이 '즉시, 바로'라는 의미입니다.

B: Give me just a second. 잠시만요.

TIP "Wait a second."보다 시간을 '달라는' 느낌을 더 강조해 줍니다.

핵심표현

Could you turn off (명사)? (명사)를 꺼 주실 수 있을까요?

→ 반대로 켜 달라고 부탁하는 "Could you turn on (명사)?"도 세트로 연습하세요.

예 Could you turn off the heater? 히터 좀 꺼 주실 수 있을까요?

예 Could you turn it off? 그것 좀 꺼 주실 수 있을까요?

골라 쓰기 좋은 단어들

the music 그 음악	**the lamp** 그 램프
the computer 그 컴퓨터	**your cell phone** 당신의 휴대폰
the monitor 그 모니터	**the radio** 그 라디오

핵심표현 응용해보기

1. 그 음악 좀 꺼 주실 수 있을까요?

→ Could you turn off ______________________?

2. 그 램프 좀 꺼 주실 수 있을까요?

→ Could you ______________________ the lamp?

3. 당신의 휴대폰 좀 꺼 주실 수 있을까요?

→ Could you ______________________?

4. 그 모니터 좀 꺼 주실 수 있을까요?

→ ______________________?

상대방에게도 불을 켜고 책을 읽거나 할 권리가 있으므로 Can you 보다는 무조건 더욱 예의 바르게 느껴지는 Could you로 물어보는 것을 추천합니다.

정답 | **1.** the music **2.** turn off **3.** turn off your cell phone **4.** Could you turn off the monitor

좌석을 차지 말아 달라고 부탁하기

❶ Could you please not kick my seat?

❷ Oh, I'm so sorry.

❸ That's OK. I'm just trying to sleep.

❹ I'll be more careful.

문장별 꿀팁

A: Could you please not kick my seat? 제 좌석을 차지 말아 주시겠어요?

TIP Could you not으로 문장을 시작하면 그 행동을 하지 말아 달라고 부탁하는 말이 됩니다.

B: Oh, I'm so sorry. 오, 정말 죄송해요.

TIP so 대신 very 또는 terribly를 써도 좋습니다.

A: That's OK. I'm just trying to sleep. 괜찮아요. 잠을 좀 자려고 해서요.

TIP try to 뒤에 이렇게 동사원형을 넣으면 그 행동을 하려고 '노력한다'는 패턴이 됩니다.

B: I'll be more careful. 더 조심할게요.

TIP careful(조심하는)의 반대는 careless(부주의한)입니다.

핵심표현

Could you please not (동사원형)? (동사원형)하지 말아 주시겠어요?

→ (동사원형)의 자리에 상대방이 하지 말아 줬으면 하는 행동을 넣으세요.

예 Could you please not snore? 코 좀 골지 말아 주시겠어요?

예 Could you please not smoke here? 여기서 흡연하지 말아 주시겠어요?

골라 쓰기 좋은 단어들

talk too loud 너무 크게 얘기하다
shake your leg 다리를 흔들다
smoke inside 안에서 흡연하다
eat here 여기서 먹다
kick my bag 내 가방을 차다

핵심표현 응용해보기

1. 너무 크게 얘기하지 말아 주시겠어요?

→ Could you please not ______________________________?

2. 여기서 먹지 말아 주시겠어요?

→ Could you please ______________________________?

3. 제 가방을 차지 말아 주시겠어요?

→ ______________ you please not ______________?

4. 안에서 흡연하지 말아 주시겠어요?

→ ______________________________?

Could you not으로 부탁할 때는 표정이나 억양 등의 전달방식이 굉장히 중요합니다.
자칫하면 무례하게 느껴질 수 있으니 최대한 조심스럽게 사용하세요.

정답 | **1.** talk too loud **2.** not eat here **3.** Could, kick my bag **4.** Could you please not smoke inside

Episode

11 펜 빌리기

문장별 꿀팁

A: Do you have an extra pen? 펜 하나 더 있으신가요?

TIP extra는 '추가적인'이란 뜻의 단어입니다.

B: This is the only pen I have. 가진 펜이 이것뿐이에요.

TIP 여기서는 the를 '더'가 아닌 '디'처럼 발음하세요.

B: You can use this. I'm done. 이거 쓰셔도 돼요. 전 다 썼어요.

TIP "I'm done."은 "I'm finished."와 마찬가지로 뭔가를 다 마친 상태라는 뜻입니다.

A: Oh, thank you so much. 오, 대단히 감사합니다.

TIP Thank you 뒤에는 so much가 어울리고 Thanks 뒤에는 a lot이 어울립니다.

핵심표현

Do you have an extra (명사)**?** (명사) 하나 더 있으신가요?

→ 하나 이상의 것을 부탁한다면 an을 빼고 복수명사를 넣어 줍니다. 예 extra pens

예 Do you have an extra eraser? 지우개 하나 더 있으신가요?

예 Do you have an extra pillow? 베개 하나 더 있으신가요?

골라 쓰기 좋은 단어들

pencil 연필	**form** 양식	**glass** 잔
plate 접시	**dollar** 달러	**plastic bag** 비닐봉지

핵심표현 응용해보기

1. 연필 하나 더 있으신가요?

→ Do you have an extra ______________________?

2. 양식 하나 더 있으신가요?

→ Do you have an ______________________?

3. 접시 하나 더 있으신가요?

→ Do you ______________ an ______________?

4. 달러 하나(1달러) 더 있으신가요?

→ ______________________?

Do you have는 상대방이 그 물건을 가지고 있지 않을 수도 있다는 전제하에 물어보는 것이지만 Can I have는 상대방이 이미 그 물건을 가지고 있다는 전제하에 물어보는 것입니다.

정답 | **1.** pencil **2.** extra form **3.** have, extra plate **4.** Do you have an extra dollar

도착 예정 시간 물어보기

❶Do you need anything?

❷What time are we arriving in New York?

❸We are landing in 2 hours.

❹Wow, we're almost there.

문장별 꿀팁

A: Do you need anything? 뭔가 필요하세요?

TIP Do 대신 Did를 듣게 될 수도 있습니다. 예 Did you need anything? (뭔가 필요하셨나요?)

B: What time are we arriving in New York?

우리 뉴욕에 몇 시에 도착하나요?

TIP 나라/주/도시 앞에 '~에'라는 말을 쓰려면 무조건 in을 쓰세요.

A: We are landing in 2 hours. 2시간 있다가 착륙합니다.

TIP in은 '얼마 있다가'라는 뜻이기 때문에 그 정도의 시간은 무조건 채운다는 말입니다.

B: Wow, we're almost there. 와, 거의 다 왔네요.

TIP 어디쯤 왔냐는 상대방의 질문에 답하기 딱 좋은 문장입니다. 암기를 추천합니다.

핵심표현

What time are we arriving in (명사)? 우리 (명사)에 몇 시에 도착하나요?

→ (명사)의 자리에 나라, 주, 도시가 아니라 공항을 넣으려면 in 대신 at을 쓰세요.

예 What time are we arriving in Seoul? 우리 서울에 몇 시에 도착하나요?

예 What time are we arriving at JFK Airport? JFK 공항에 몇 시에 도착하나요?

골라 쓰기 좋은 단어들

Taiwan 대만 **Florida** 플로리다 **LA** 로스앤젤레스
San Diego International Airport 샌디에이고 국제공항

기내

핵심표현 응용해보기

1. 우리 캘리포니아에 몇 시에 도착하나요?

→ What time are we arriving in ______________________?

2. 우리 밴쿠버에에 몇 시에 도착하나요?

→ What time are we ______________ in ______________?

3. 우리 인천 공항에 몇 시에 도착하나요?

→ ______________ are we arriving ______________?

4. 우리 시카고에 몇 시에 도착하나요?

→ ______________________________________?

비행편이 지연되어 이륙을 하지 않을 경우엔 take off(이륙하다)라는 동사를 써서 When are we taking off? (우리 언제 이륙해요?)라고 물어볼 수 있습니다.

정답 | **1.** California **2.** arriving, Vancouver **3.** What time, at Incheon Airport
4. What time are we arriving in Chicago

Chapter 03

호텔

01 체크인하기

02 방이 있는지 물어보기

03 숙박 기간 말하기

04 체크아웃 시간 잘 알아듣기

05 엘리베이터 타기

06 편의 시설 위치 물어보기

07 구비된 물건 더 달라고 말하기

08 방 시설에 문제가 있다고 말하기

09 전화로 깨워 달라고 부탁하기

10 호텔 근처에 특정 시설이 있는지 물어보기

11 호텔 내에 ATM이 있는지 물어보기

12 호텔 근처에 갈 곳이 있는지 물어보기

13 목적지가 호텔에서 얼마나 먼지 물어보기

14 방 안 치워도 된다고 말하기

15 숙박을 연장하고 싶다고 말하기

Episode 01 체크인하기

문장별 꿀팁

A: Are you checking in? 체크인하시나요?

TIP 물론, 체크아웃을 할 땐 "Are you checking out?"을 듣게 될 것입니다.

B: Yes. Here's my reservation number. 네. 여기 제 예약 번호예요.

TIP reservation(예약)이란 단어의 re는 '뤼'가 아닌 '뤠'처럼 발음하세요.

A: May I have your name, ma'am? 성함이 어떻게 되시죠, 부인?

TIP May I는 Can I보다 예의 바른 질문입니다.

B: My name is Misun Cha. It's M-I-S-U-N and C-H-A.

제 이름은 차미선이에요. MISUN CHA.

TIP 한국 이름은 알아듣기 쉽지 않기 때문에 이렇게 스펠링을 하나하나 불러주는 걸 추천합니다.

핵심표현

May I have your (명사)? (명사)를 주시겠어요?

→ 이름 외에 신분증 등을 달라고 할 수도 있습니다.

예 May I have your name? 성함이 어떻게 되시죠?

예 May I have your ID? 신분증을 주시겠어요?

골라 쓰기 좋은 단어들

reservation number 예약 번호

last name 성

phone number 전화번호

ID 신분증

credit card 신용 카드

full name 성명

핵심표현 응용해보기

1. 예약 번호를 주시겠어요?

→ May I have your ______________________?

2. 신용 카드를 주시겠어요?

→ May I ______________ your ______________?

3. 전화번호를 주시겠어요?

→ ______________ I have ______________?

4. 성이 어떻게 되시죠?

→ ______________________________?

호텔에서 체크인을 할 때는 보증금을 걸기 위해 신용 카드를 요구할 것입니다.
이때, 신용 카드의 이름이 예약자와 이름이 같아야 하는 것에 유의하세요.

정답 | **1.** reservation number **2.** have, credit card **3.** May, your phone number **4.** May I have your last name

방이 있는지 물어보기

❶Do you have a room with a single bed?

❷Let me check.

❸Smoking or non-smoking?

❹I want a non-smoking room.

문장별 꿀팁

A: Do you have a room with a single bed?

싱글 침대 하나 있는 방이 있나요?

TIP with는 '~가 있는'이라고 해석합니다.

B: Let me check. 확인해 볼게요.

TIP 재확인한다고 할 때는 check 대신 double-check라는 동사를 씁니다.

B: Smoking or non-smoking? 흡연실을 원하시나요 금연실을 원하시나요?

TIP smoking은 smoking room을, non-smoking은 non-smoking room을 줄인말입니다.

A: I want a non-smoking room. 금연실을 원해요.

TIP want 대신 would like(원하다) 또는 prefer(선호하다)를 써도 좋습니다.

핵심표현

Do you have a room with (명사)? (명사)가 있는 방이 있나요?

→ (명사)의 자리에 원하는 침대 사이즈와 개수를 넣으세요.

예 Do you have a room with a double (size) bed?

더블 침대 하나 있는 방이 있나요?

예 Do you have a room with two single (size) beds?

싱글 침대 두 개 있는 방이 있나요?

호텔

골라 쓰기 좋은 단어들

double bed 더블 침대
queen (size) bed 퀸 사이즈 침대
king (size) bed 킹 사이즈 침대
non-smoking room 금연실, 비흡연실
suite 스위트룸

핵심표현 응용해보기

1. 퀸 사이즈 침대 하나 있는 방이 있나요?

→ Do you have a room with ______________________?

2. 킹 사이즈 침대 하나 있는 스위트룸이 있나요?

→ Do you have a ______________ with a king size bed?

3. 더블 침대 두 개 있는 방이 있나요?

→ Do you have ______________ with ______________?

4. 싱글 침대 하나 있는 금연실이 있나요?

→ ____?

호텔과는 달리 조금 더 저렴한 inn의 경우에는 smoking room(흡연실)이 많은 편이라 금연실을 원한다면 마지막 문장인 I prefer a non-smoking room.을 언급하는 게 좋습니다.

정답 | **1.** a queen size bed **2.** suite **3.** a room, two double beds
4. Do you have a non-smoking room with a single bed

Episode

03 숙박 기간 말하기

문장별 꿀팁

A: Do you have a room with a queen size bed?

퀸 사이즈 침대 있는 방이 있나요?

TIP 그냥 방이 아닌 스위트룸을 원한다면 room 대신 suite를 쓰세요.

B: Of course, we do. 물론 있습니다.

TIP 여기서 "We do."는 "We have a room with a queen size bed."를 줄인 말입니다.

B: How long are you staying? 얼마나 머무시죠?

TIP "How long are you planning to stay?(얼마나 머물 계획이시죠?)"를 들을 수도 있습니다.

A: I'd like to stay for 3 nights. 3박을 하고 싶습니다.

TIP 머무는 기간은 days보다 nights를 쓰는 것이 좋습니다.

핵심표현

I'd like to stay for (명사). (명사)동안 자고 가고 싶습니다.

→ 여기서 (명사)는 자고 가는 밤을 기준으로 쓰세요. (일(days)도 가능하긴 함)

예 I'd like to stay for 1 night. 1박을 하고 싶습니다.

예 I'd like to stay for 2 nights. 2박을 하고 싶습니다.

골라 쓰기 좋은 단어들

1 night 1박	**2 nights** 2박	**3 nights** 3박
2 days 2일	**1 week** 1주	**2 weeks** 2주

호텔

핵심표현 응용해보기

1. 3박을 하고 싶습니다.

→ I'd like to stay for ______________________.

2. 4박을 하고 싶습니다.

→ I'd like to ______________ for ______________.

3. 2일을 머물고 싶습니다.

→ I'd like to stay ______________________.

4. 일주일동안 머물고 싶습니다.

→ ______________________________.

마유 SAYS

원래 머물려고 했던 날보다 하룻밤 더 머물게 된다면 직원에게 I'd like to stay an extra night. (하룻밤 더 머물고 싶습니다.)라고 미리 말해 주세요.

정답 | **1.** 3 nights **2.** stay, 4 nights **3.** for 2 days **4.** I'd like to stay for 1 week

체크아웃 시간 잘 알아듣기

❶What time is check-out?

❷You have to check out by 11.

❸Do you have a late check-out?

❹Unfortunately, we don't.

문장별 꿀팁

A: What time is check-out? 체크아웃이 몇 시예요?

TIP 이렇게 check와 out 사이에 hyphen(-)을 넣으면 '체크아웃'이라는 명사가 됩니다.

B: You have to check out by 11. 11시까지는 체크아웃하셔야 해요.

TIP 여기서 by는 '~까지'라는 뜻입니다.

A: Do you have a late check-out? 늦은 체크아웃이 있나요?

TIP 반대로 an early check-in(빠른 체크인)도 알아 두세요.

B: Unfortunately, we don't. 유감스럽게도 없어요.

TIP unfortunately는 반드시 강세를 for에 주고 발음하세요.

핵심표현

You have to check out by (시간/시기). (시간/시기)까지 체크아웃하셔야 해요.

→ by(~까지) 대신 before(~ 전에)를 쓸 수도 있습니다.

예 You have to check out by 10. 10시까지 체크아웃하셔야 해요.

예 You have to check out before 11. 11시 전에 체크아웃하셔야 해요.

호텔

골라 쓰기 좋은 단어들

10 10시	**10 o'clock** 10시	**10:30** 10시 30분
by ~까지	**before** ~ 전에	**after** ~ 후에

핵심표현 응용해보기

1. 10시 30분까지 체크아웃하셔야 해요.

→ You have to check out by ______________________.

2. 10시 30분 전에 체크아웃하셔야 해요.

→ You have to check out ______________________.

3. 4시까지 체크아웃하셔야 해요.

→ You have to ______________________.

4. 12시까지 체크아웃하셔야 해요.

→ ______________________.

after의 경우 오히려 체크인을 할 때 더 자주 쓰는 전치사입니다. 함께 연습하세요.

예 You have to check in after 4. (4시 후에 체크인하셔야 해요.)

정답 | **1.** 10:30 **2.** before 10:30 **3.** check out by 4 **4.** You have to check out by 12

❶Are you going up or down?

❷I'm going down.

❸Which floor are you going to?

❹I'm going down to the 1st floor.

문장별 꿀팁

A: Are you going up or down? 올라가시나요 아니면 내려가시나요?

TIP Are you를 빼고 단순히 "Going up? / Going down?" 하고 물어보기도 합니다.

B: I'm going down. 내려가요.

TIP go up은 '올라가다', go down은 '내려가다'란 덩어리 동사입니다.

A: Which floor are you going to? 몇 층으로 가세요?

TIP Which floor 대신 What floor를 쓰기도 합니다.

B: I'm going down to the 1st floor. 1층으로 내려가요.

TIP 올라간다면 down 대신 up을 쓰세요.

핵심표현

I'm going down to the (층수) floor. (층수)층으로 내려가요.

→ 여기서 (층수)는 서수로 쓰세요. 예 1st / 2nd / 3rd / 4th / 5th

예 I'm going down to the 4th floor. 4층으로 내려가요.

예 I'm going up to the 10th floor. 10층으로 올라가요.

호텔

골라 쓰기 좋은 단어들

1st floor 1층　**2nd floor** 2층　**3rd floor** 3층
lobby 로비　**top floor** 꼭대기 층

핵심표현 응용해보기

1. 3층으로 내려가요.

→ I'm going down to the ________________ floor.

2. 로비로 내려가요.

→ I'm going ________________ to the lobby.

3. 15층으로 올라가요.

→ I'm going ________________ to ________________.

4. 2층으로 내려가요.

→  ________________.

문이 이미 닫히고 있는데 엘리베이터에 탑승하게 된다면 반드시 I'm sorry. Thank you.라고 말해 주세요. 기본 예의라서 안 하면 불쾌하게 생각하는 사람이 굉장히 많습니다.

정답 | **1.** 3rd **2.** down **3.** up, the 15th floor **4.** I'm going down to the 2nd floor

편의 시설 위치 물어보기

❶How may I help you?

❷What floor is the gym?

❸It's on the 5th floor.

❹Please take the elevator.

문장별 꿀팁

A: How may I help you? 무엇을 도와드릴까요?

TIP may 대신 can을 들을 수도 있습니다.

B: What floor is the gym? 피트니스 센터가 몇 층인가요?

TIP 피트니스 센터는 영어로 gym입니다. 헬스클럽(health club)은 쓰지 마세요.

A: It's on the 5th floor. 5층에 있습니다.

TIP 층을 얘기할 때는 서수를 사용합니다. 예 1st floor, 2nd floor, 3rd floor, 4th floor 등

A: Please take the elevator. 엘리베이터를 이용하세요.

TIP 대중교통처럼 엘리베이터나 에스컬레이터를 이용한다고 할 땐 take를 씁니다.

핵심표현

What floor is the (명사)? (명사)가 몇 층인가요?

→ 조금 어렵다면 단순히 'Where is the (명사)?'라고 해도 좋습니다.

예 What floor is the lobby? 로비가 몇 층인가요?

예 What floor is the swimming pool? 수영장이 몇 층인가요?

골라 쓰기 좋은 단어들

casino 카지노	**food court** 푸드 코트	**bar area** 술집 구역
pool area 수영장 구역	**lobby** 로비	**parking lot** 주차장

핵심표현 응용해보기

1. 카지노는 몇 층인가요?

→ What floor is the ________________________________?

2. 푸드 코트는 몇 층인가요?

→ ________________________________ is the food court?

3. 수영장은 몇 층인가요?

→ What ________________________________?

4. 주차장은 몇 층인가요?

→ ________________________________?

어떤 시설이 몇 층에 있는지 물어볼 때는 What floor 대신 Which floor를 써도 좋습니다. What은 '무엇' 그리고 Which는 '어느' 정도의 의미 차이라고 보면 되겠습니다.

정답 | **1.** casino **2.** What floor **3.** floor is the pool area **4.** What floor is the parking lot

구비된 물건 더 달라고 말하기

❶Can I get extra towels?

❷What's your room number, ma'am?

❸It's 2022.

❹OK. I'll send someone up.

문장별 꿀팁

A: Can I get extra towels? 수건을 더 주실 수 있나요?

TIP extra(추가적인) 대신 more(더 많은)를 써도 좋습니다.

B: What's your room number, ma'am? 객실 번호가 어떻게 되나요, 부인?

TIP "Which room are you staying in?(어느 객실에 머물고 계시죠?)"을 들을 수도 있습니다.

A: It's 2022. 2022호입니다.

TIP 방 번호는 두 자리로 끊어서 말하는 게 좋습니다.

예 2022호: 20(twenty) 22(twenty two)

B: OK. I'll send someone up. 알겠습니다. 사람을 보내겠습니다.

TIP "I'll send someone to your room.(객실로 사람을 보내겠습니다.)"을 들을 수도 있습니다.

핵심표현

Can I get extra (명사)**?** (명사)를 더 주실 수 있나요?

→ 필요한 물건이 셀 수 있는 명사라면 복수로 쓰세요. 예 slippers

예 Can I get extra blankets? 담요를 더 주실 수 있나요?

예 Can I get extra water? 물을 더 주실 수 있나요?

호텔

골라 쓰기 좋은 단어들

toothbrush 칫솔 **toilet paper** 화장실 휴지 **toothpaste** 치약
wine glass 와인 잔 **pillow** 베개 **slippers** 슬리퍼

핵심표현 응용해보기

1. 칫솔을 더 주실 수 있나요?

→ Can I get extra ______________________?

2. 화장실 휴지를 더 주실 수 있나요?

→ Can I ______________________ toilet paper?

3. 와인 잔을 더 주실 수 있나요?

→ ______________ I get ______________?

4. 베개를 더 주실 수 있나요?

→ ______________________________?

toilet paper, water, toothpaste는 의외로 셀 수 없는 명사입니다.
호텔 측에서 How many do you need? (몇 개 필요하세요?)라고 물어보면 그때서야 one, two처럼 숫자로 대답하면 됩니다.

정답 | **1.** toothbrushes **2.** get extra **3.** Can, extra wine glasses **4.** Can I get extra pillows

방 시설에 문제가 있다고 말하기

❶Front Desk. How may I help you?
❷The TV is not working.
❸I'll send someone to your room.
❹OK. I'll wait.

문장별 꿀팁

A: Front Desk. How may I help you? 프런트입니다. 무엇을 도와드릴까요?

TIP may 대신 can을 들을 수도 있습니다.

B: The TV is not working. TV가 작동을 안 해요.

TIP 여기서 work는 '일하다'라는 뜻이 아니라 '작동하다, 효과가 있다'란 뜻입니다.

A: I'll send someone to your room. 손님 방으로 사람을 보내겠습니다.

TIP to your room(손님 방으로) 대신 up(위로)을 들을 수도 있습니다.

예 I'll send someone up.

B: OK. I'll wait. 네. 기다릴게요.

TIP 서둘러 달라고 할 땐 "Thank you. Please hurry."라고 해 주세요.

호텔

핵심표현

The (명사) is not working. (명사)가 작동을 안 해요.

→ (명사)가 복수일땐 is 대신 are를 쓰세요.

예 The heater is not working. 난방기가 작동을 안 해요.

예 The lights are not working. 조명들이 작동을 안 해요.

골라 쓰기 좋은 단어들

iron 다리미	**A/C** 에어컨	**coffee maker** 커피메이커
refrigerator 냉장고	**microwave** 전자레인지	**lights** 조명들

핵심표현 응용해보기

1. 냉장고가 작동을 안 해요.

→ The ______________________ is not working.

2. 에어컨이 작동을 안 해요.

→ The A/C is ______________________.

3. 다리미가 작동을 안 해요.

→ The ______________ is ______________.

4. 전자레인지가 작동을 안 해요.

→ ______________________.

뜨거운 물이 안 나올 때는 work(작동하다)가 아니라 come out(나오다)을 쓰세요.

예 Hot water is not coming out. (뜨거운 물이 안 나와요.)

정답 | **1.** refrigerator **2.** not working **3.** iron, not working **4.** The microwave is not working

전화로 깨워 달라고 부탁하기

❶Could you give me a wake-up call?

❷What time should I wake you up?

❸Please wake me up at 7 am.

❹I will do that.

문장별 꿀팁

A: Could you give me a wake-up call? 전화로 깨워 주시겠어요?

TIP morning call(모닝콜)이란 말은 콩글리쉬입니다. wake-up call이 맞는 표현입니다.

B: What time should I wake you up? 몇 시에 깨워 드려야 할까요?

TIP wake someone up은 누군가를 깨운다는 덩어리 표현입니다.

예 Wake me up! (날 깨워 줘!)

A: Please wake me up at 7 am. 아침 7시에 깨워 주세요.

TIP '~시에'라고 하려면 무조건 at을 사용합니다. 예 at 9 am (오전 9시에)

B: I will do that. 그렇게 하겠습니다.

TIP 더욱 캐주얼하게는 "Will do!"라고 말할 수 있습니다.

핵심표현

Please wake me up at (시간). (시간)에 깨워 주세요.

→ 오전이면 am을, 오후이면 pm을 (시간) 뒤에 추가하세요.

예 Please wake me up at 7:30 am. 오전 7시 30분에 깨워 주세요.

예 Please wake me up at 5 pm. 오후 5시에 깨워 주세요.

골라 쓰기 좋은 단어들

7 7시

7:30 7시 30분

7:30 pm 오후 7시 30분

7 o'clock 7시 정각

7:30 am 오전 7시 30분

핵심표현 응용해보기

1. 6시에 깨워 주세요.

→ Please wake me up at ________________________________.

2. 6시 30분에 깨워 주세요.

→ Please wake me up ________________________________.

3. 오전 6시에 깨워 주세요.

→ Please ____________ me ____________ at ____________.

4. 오후 6시 30분에 깨워 주세요.

→ ____.

wake-up call이란 표현에는 morning이라는 단어가 들어가 있지 않죠?
아침에 깨워 달라고 할 때만 쓸 수 있는 표현이 아니라는 증거입니다. 다시 말해, 아무 때나 가능하다는 의미입니다.

정답 | **1.** 6 **2.** at 6:30 **3.** wake, up, 6 am **4.** Please wake me up at 6:30 pm

호텔

Episode 10 호텔 근처에 특정 시설이 있는지 물어보기

문장별 꿀팁

A: Is there a convenience store around here?

이 근처에 편의점이 있나요?

TIP Is there로 문장을 시작하면 '~가 있나요?'라는 질문이 됩니다.

B: There's one behind the hotel. 호텔 뒤에 하나 있어요.

TIP behind(~의 뒤에) / in front of(~의 앞에) / next to(~의 옆에)도 세트로 알아 두세요.

A: Can I walk there? 걸어서 갈 수 있나요?

TIP "Is it within walking distance?(걸어갈 수 있는 거리에 있나요?)"란 표현도 있습니다.

B: Sure. It's only 2 minutes away. 그럼요. 2분 거리밖에 안 돼요.

TIP away는 거리나 기간이 얼만큼 떨어져 있다는 뜻입니다.

핵심표현

Is there a (명사) **around here?** 이 근처에 (명사)가 있나요?

→ around here(이 근처에) 대신 around the hotel(호텔 근처에)처럼 특정 장소를 넣어도 됩니다.

예 Is there a restroom around here? 이 근처에 화장실이 있나요?

예 Is there a supermarket around the hotel? 호텔 근처에 슈퍼마켓이 있나요?

골라 쓰기 좋은 단어들

post office 우체국	**hospital** 병원	**subway station** 지하철역
gas station 주유소	**museum** 박물관	**police station** 경찰서

핵심표현 응용해보기

1. 이 근처에 병원이 있나요?

→ Is there a ____________________ around here?

2. 이 근처에 지하철역이 있나요?

→ Is there a ______________ around ______________?

3. 호텔 근처에 박물관이 있나요?

→ Is there a ______________ around ______________?

4. 이 근처에 주유소가 있나요?

→ ______________________________?

나라에 따라 다르지만 편의점을 제외한 대부분의 시설들이 한국보다 훨씬 일찍 닫습니다.
필요한 것이 있다면 일반적으로 밤 8시 전에 찾는 것을 추천합니다.

정답 | **1.** hospital **2.** subway station, here **3.** museum, the hotel **4.** Is there a gas station around here

호텔

Episode 11 호텔 내에 ATM이 있는지 물어보기

문장별 꿀팁

A: Is there an ATM in the hotel? 호텔 내에 ATM이 있나요?

TIP Is there로 문장을 시작하면 무언가 있는지 물어보는 질문이 됩니다.

B: There is one in the lobby. 로비에 하나 있어요.

TIP 여기서 lobby는 '로비'보다는 lo에 강세를 주어 '라비'에 가깝게 발음하세요.

B: Take that escalator. 저 에스컬레이터를 이용하세요.

TIP 엘리베이터나 에스컬레이터를 이용한다고 할 때는 use도 좋지만 take를 자주 씁니다.

A: Thank you, sir. 고맙습니다.

TIP 남자를 존중하는 호칭은 sir이고, 여자를 존중하는 호칭은 ma'am입니다.

핵심표현

Is there an ATM in (장소)? (장소) 안에 ATM이 있나요?

→ ATM 대신 다른 편의시설도 넣어 응용해 보세요.

예 Is there an ATM in the building? 건물 안에 ATM이 있나요?

예 Is there an ATM in here? 여기 안에 ATM에 있나요?

골라 쓰기 좋은 단어들

the store 가게	**the office** 사무실	**the lobby** 로비
the restaurant 식당	**the café** 카페	**here** 여기

핵심표현 응용해보기

1. 가게 안에 ATM이 있나요?

→ Is there an ATM in the ________________?

2. 로비 안에 ATM이 있나요?

→ Is there an __________ in the __________?

3. 식당 안에 ATM이 있나요?

→ Is there ____________________?

4. 카페 안에 ATM이 있나요?

→ ________________________?

ATM은 Automatic Teller Machine의 약자이기 때문에 machine(기기)이라는 단어를 또 넣을 필요가 없습니다. 넣으면 machine을 중복해서 쓰는 격이 됩니다.

정답 | **1.** store **2.** ATM, lobby **3.** an ATM in the restaurant **4.** Is there an ATM in the café

호텔

호텔 근처에 갈 곳이 있는지 물어보기

❶What's around the hotel?

❷There's a museum across the street.

❸Is it far from here?

❹No, it's pretty close.

문장별 꿀팁

A: What's around the hotel? 호텔 근처에 뭐가 있나요?

TIP around(근처에) 대신 near(주위에, 근처에)를 써도 됩니다.

B: There's a museum across the street. 길 건너에 박물관이 있습니다.

TIP across는 '~의 건너에'라는 뜻입니다.

A: Is it far from here? 여기서 먼가요?

TIP here(여기) 대신 다른 장소로 응용도 가능합니다. 예 from the hotel, from the airport

B: No, it's pretty close. 아니요, 꽤 가까워요.

TIP 여기서 pretty는 '꽤나'라는 뜻이며 비슷한 표현으로 quite가 있습니다.

핵심표현

What's around the (명사)? (명사) 근처에 뭐가 있나요?

→ 단순히 '이 근처에'라고 하려면 'the (명사)'를 here로 바꾸세요.

예 What's around the motel? 모텔 근처에 뭐가 있나요?

예 What's around here? 이 근처에 뭐가 있나요?

골라 쓰기 좋은 단어들

inn 여관
airport 공항
shopping mall 쇼핑몰
convention center 컨벤션 센터
park 공원
here 여기

핵심표현 응용해보기

1. 공항 근처에 뭐가 있나요?

→ What's around the ______________________?

2. 컨벤션 센터 근처에 뭐가 있나요?

→ What's ______________ the ______________?

3. 공원 근처에 뭐가 있나요?

→ ______________ around the ______________?

4. 쇼핑몰 근처에 뭐가 있나요?

→ ______________________________________?

일반적으로 호텔 로비에서 city map과 subway map 등을 무료로 가져갈 수 있습니다.
Can I take one? (하나 가져가도 되나요?)라는 문장도 알아 두세요.

정답 | **1.** airport **2.** around, convention center **3.** What's, park **4.** What's around the shopping mall

목적지가 호텔에서 얼마나 먼지 물어보기

HOTEL

❶How far is Seaworld from the hotel?

❷It's only a 10-minute drive.

❸Oh, it's not too far.

❹We have shuttles, too.

문장별 꿀팁

A: How far is Seaworld from the hotel?

호텔에서 Seaworld가 얼마나 멀어요?

TIP How far로 문장을 시작하면 거리를 물어보는 질문이 됩니다.

B: It's only a 10-minute drive. 운전해서 겨우 10분 거리예요.

TIP 도보로 얼마가 걸린다고 할 땐 drive 대신 walk를 넣습니다.

A: Oh, it's not too far. 오, 그렇게 멀지는 않네요.

TIP too는 '너무'라는 의미로 부정적인 뉘앙스를 띠게 됩니다. 예 too hot (너무 더운)

B: We have shuttles, too. 셔틀버스도 있어요.

TIP shuttle은 굳이 뒤에 bus라는 단어를 추가하지 않아도 됩니다.

호텔

핵심표현

How far is (목적지) **from the hotel?** 호텔에서 (목적지)가 얼마나 멀어요?

→ 출발지 또한 hotel 대신 다른 장소로 바꾸어 응용해 보세요.

예 How far is JFK Airport from the hotel? 호텔에서 JFK 공항이 얼마나 멀어요?

예 How far is the bus terminal from the hotel?
호텔에서 그 버스 터미널이 얼마나 멀어요?

골라 쓰기 좋은 단어들

the airport 그 공항 **the museum** 그 박물관 **the zoo** 그 동물원

the shopping mall 그 쇼핑몰 **JFK Airport** JFK 공항

핵심표현 응용해보기

1. 호텔에서 그 공항이 얼마나 멀어요?

→ How far is ______________________ from the hotel?

2. 호텔에서 그 박물관이 얼마나 멀어요?

→ How far is ______________ from ______________?

3. 호텔에서 그 동물원이 얼마나 멀어요?

→ How ______________ is ______________ from the hotel?

4. 호텔에서 마유 공항이 얼마나 멀어요?

→ ______________________________________?

'도보로 갈 수 있는 거리입니다.'라는 의미의 It's within walking distance. 또는 You can walk there.를 들을 수도 있으니 익혀 두세요.

정답 | **1.** the airport **2.** the museum, the hotel **3.** far, the zoo **4.** How far is Mayu Airport from the hotel

Episode 14 방 안 치워도 된다고 말하기

문장별 꿀팁

A: Oh, you don't have to clean up the room. 오, 방 치우지 않으셔도 돼요.

TIP clean만으로도 '닦다, 치우다' 모두 되지만 '치우다'라는 표현으로는 clean up을 더 많이 씁니다.

A: We are not going out. 저희 안 나가요.

TIP go out은 직역해서 '나가다'이지만 '놀러 나가다', '데이트하러 나가다' 등의 의미도 됩니다.

B: Are you sure? OK. 정말 괜찮으세요? 알겠습니다.

TIP "Are you sure?"는 누군가 호의를 제안했을 때 예의 바른 대답으로 말하기에 아주 좋습니다.

B: I'll just leave new towels here. 새 수건만 여기 놔둘게요.

TIP leave는 떠난다는 의미도 되지만 남겨 둔다는 의미도 됩니다.

핵심표현

You don't have to (동사원형). (동사원형)하지 않으셔도 돼요.

→ (동사원형)의 자리에 다른 동사를 넣으면 그 행동을 하지 않아도 된다는 말이 됩니다.

예 You don't have to wash the towels. 수건 안 빨아 주셔도 돼요.

예 You don't have to clean up the bathroom. 화장실 치우지 않으셔도 돼요.

골라 쓰기 좋은 단어들

clean up the bedroom 침실을 치우다
come up 올라오다
carry my bag 가방을 옮겨 주다
change the sheets 침대보를 갈다
give me a wake-up call 모닝콜을 해 주다

호텔

핵심표현 응용해보기

1. 침실을 치워주지 않으셔도 돼요.

→ You don't have to ______________________.

2. 침대보를 안 갈아주셔도 돼요.

→ You don't have to ______________________.

3. 올라오지 않으셔도 돼요.

→ You don't ______________ to ______________.

4. 모닝콜을 안 해 주셔도 돼요.

→ ______________________________.

호텔 숙박 중에 외출을 할 때 청소해 주시는 분을 위해 팁을 남기는 것이 에티켓인데 정해진 금액은 없으나 통상 1달러에서 3달러 정도를 남기는 것을 추천합니다.

정답 | **1.** clean up the bedroom **2.** change the sheets **3.** have, come up
4. You don't have to give me a wake-up call

15 숙박을 연장하고 싶다고 말하기

❶I would like to stay 2 more days.

❷OK. It's $30 for each additional day.

❸OK. That's fine.

❹I will charge it to your credit card.

문장별 꿀팁

A: I would like to stay 2 more days. 이틀 더 머물고 싶은데요.

TIP more 대신 extra를 써도 좋습니다.

B: OK. It's $30 for each additional day.

네. 하루 추가하시는 데 30달러입니다.

TIP additional은 extra와 마찬가지로 '추가적인'이란 뜻입니다.

A: OK. That's fine. 네. 괜찮아요.

TIP fine은 기분이 좋다는 말도 되지만 어떤 조건에 수긍한다는 말도 됩니다.

B: I will charge it to your credit card. 손님 신용 카드로 청구하겠습니다.

TIP 방으로 청구한다면 credit card 대신 room을 듣게 될 것입니다.

핵심표현

I would like to stay (추가 기간). (추가 기간)을 더 머물고 싶은데요.

→ 이렇게 추가 기간을 얘기할 때는 for(~동안)라는 단어를 종종 생략합니다.

예 I would like to stay 1 more day. 하루 더 머물고 싶은데요.

예 I would like to stay 3 more days. 3일 더 머물고 싶은데요.

골라 쓰기 좋은 단어들

4 more days 4일 더

2 more weeks 2주일 더

2 more nights 이틀 밤 더

1 more week 1주일 더

1 more night 하룻밤 더

핵심표현 응용해보기

1. 4일 더 머물고 싶은데요.

→ I would like to stay ________________.

2. 10일 더 머물고 싶은데요.

→ I would like to ________________.

3. 1주일 더 머물고 싶은데요.

→ I ________________ stay ________________.

4. 하룻밤 더 머물고 싶은데요.

→ ________________.

추가로 머문다고 할 때는 day와 night가 크게 차이가 없습니다.
1 more day라고 해도 결국엔 1박을 더 한다고 알아듣습니다.

정답 | **1.** 4 more days **2.** stay 10 more days **3.** would like to, 1 more week
4. I would like to stay 1 more night

호텔

Chapter 04

쇼핑

01 가격 물어보기

02 가격 잘 알아듣기

03 가격 흥정하기 I

04 가격 흥정하기 II

05 둘러보는 중이라고 말하기

06 원하는 물건 찾기

07 사이즈 물어보기

08 색상 물어보기

09 옷 입어 보기

10 화장품 발라 봐도 되는지 물어보기

11 할인 중인지 물어보기

12 물건 환불받기

13 물건 교환하기

14 제품이 불량이라고 말하기

15 필요한 것 말하고 추천 받기

16 물건 비교하기

17 영업시간 물어보기

18 쇼핑 도와준 사람 언급하기

19 지불 수단 말하기

20 신분증 제시하기

21 큰돈을 잔돈으로 바꾸기

22 영수증 못 받았다고 말하기

가격 물어보기

❶How much is this scarf?

❷That one is $10.

❸How about this one?

❹That one is more expensive. $12.

문장별 꿀팁

A: How much is this scarf? 이 스카프 얼마예요?

TIP scarf는 실크로 된 '스카프'를 가리키기도 하고 '목도리'를 가리키기도 합니다.

B: That one is $10. 그건 10달러예요.

TIP 여기서 one은 앞서 언급한 scarf를 받는 대명사입니다. '것' 정도로 해석하면 됩니다.

A: How about this one? 이건요?

TIP How about으로 문장을 시작하면 뭔가의 가격이나 상태를 물어보는 질문이 됩니다.

B: That one is more expensive. $12. 그건 더 비싸요. 12달러입니다.

TIP more expensive(더 비싼)의 반대는 cheaper(더 싼)입니다.

핵심표현

How much is this (명사)? 이 (명사)는 얼마예요?

→ (명사)의 자리에 복수명사를 넣고 싶다면 is this 대신 are these를 쓰세요.

예 How much is this ring? 이 반지는 얼마예요?

예 How much are these leggings? 이 레깅스는 얼마예요?

골라 쓰기 좋은 단어들

shirt 셔츠	**jeans** 청바지	**earrings** 귀걸이
bracelet 팔찌	**sunglasses** 선글라스	**keychain** 열쇠고리

쇼핑

핵심표현 응용해보기

1. 이 셔츠는 얼마예요?

→ How much is this ____________________?

2. 이 청바지는 얼마예요?

→ How much are ____________________?

3. 이 팔찌는 얼마예요?

→ ________________ is this ________________?

4. 이 전화기는 얼마예요?

→ ________________________________?

노점 등에서 물건을 사고 나서 총 가격을 물어볼 때는 How much do I owe you? (제가 얼마를 빚졌나요? 총 얼마인가요?)라고 말해 보세요.

정답 | **1.** shirt **2.** these jeans **3.** How much, bracelet **4.** How much is this phone

Episode 02 가격 잘 알아듣기

문장별 꿀팁

A: How much is this keychain? 이 열쇠고리는 얼마예요?

TIP keychain의 자리에 복수명사를 쓰고 싶다면 is this도 are these로 바꿔 주세요.

B: It's $3 plus tax. 3달러에 세금이 추가됩니다.

TIP plus tax는 아직 세금이 추가된 가격이 아니므로 금액이 더 올라갈 것을 예상해야 합니다.

A: Can I have two? 두 개 주시겠어요?

TIP 여기서 two는 two keychains를 나타냅니다.

B: Sure. It's $6.36. 네. 6달러 36센트입니다.

TIP dollars와 cents라는 말 없이 숫자만 말해 주는 경우가 많습니다.

예 $6.36 → six thirty six

핵심표현

It's (가격) plus tax. (가격)에 세금이 추가됩니다.

→ 세금이 이미 추가된 가격이라면 plus tax 대신 including tax를 듣게 될 것입니다.

예 It's $5 plus tax. 5달러에 세금이 추가됩니다.

예 It's $5 including tax. 세금을 포함해 5달러입니다.

골라 쓰기 좋은 단어들

$5 (five dollars) 5달러

$.30 (thirty cents) 30센트

¢30 (thirty cents) 30센트

$5.30 (five dollars and thirty cents 또는 five thirty) 5달러 30센트

핵심표현 응용해보기

1. 1달러에 세금이 추가됩니다.

→ It's ______________________ plus tax.

2. 10달러에 세금이 추가됩니다.

→ It's $10 ______________________.

3. 20달러 30센트에 세금이 추가됩니다.

→ It's ______________ plus ______________.

4. 55달러 10센트에 세금이 추가됩니다.

→ ______________________________.

미국의 경우 세금이 주마다 다릅니다. 적게는 $0부터 (예 Alaska) 많게는 $7.25까지 (예 California) 굉장히 다양합니다. 서비스를 이용할 경우 팁도 감안해야 하므로 미리 넉넉히 생각해 두세요.

정답 | **1.** $1 **2.** plus tax **3.** $20.30, tax **4.** It's $55.10 plus tax

Episode 03 가격 흥정하기 I

문장별 꿀팁

A: Can you give me a discount on this? 이거 할인해 주실 수 있어요?

TIP give (사람) a discount((사람)에게 할인을 해주다)라는 덩어리 동사를 먼저 익혀 두세요.

B: I'll give you a $10 discount. 10달러 할인해 드릴게요.

TIP $10 같은 할인 금액대신 10% 같은 할인율을 들을 수도 있습니다. 예 a 10% discount

A: How about a $20 discount? 20달러 할인은 어때요?

TIP 제시 받은 가격이 마음에 들지 않을 경우를 대비하여 이 문장을 암기해 두고 응용하세요.

B: OK. But you have to pay with cash. 알겠어요. 대신 현금으로 내셔야 돼요.

TIP 현금을 제외하고는 지불 수단은 관사와 함께 씁니다. 예 with a credit card (신용 카드로) / with a debit card (체크 카드로) / with a traveler's check (여행자 수표로)

핵심표현

Can you give me a discount on (명사)? (명사) 할인해 주실 수 있어요?

→ (명사)의 자리에 할인 받고 싶은 물건을 넣습니다.

예 Can you give me a discount on this bag? 이 가방 할인해 주실 수 있어요?

예 Can you give me a discount on these earrings?
이 귀걸이 할인해 주실 수 있어요?

골라 쓰기 좋은 단어들

this 이것 **these** 이것들 **this bracelet** 이 팔찌
this hairpin 이 머리핀 **this shirt** 이 셔츠 **this watch** 이 손목시계
these sunglasses 이 선글라스

쇼핑

핵심표현 응용해보기

1. 이것들 할인해 주실 수 있어요?

→ Can you give me a discount on ____________________?

2. 이 팔찌 할인해 주실 수 있어요?

→ Can you give me a ______________ on ______________?

3. 이 선글라스 할인해 주실 수 있어요?

→ Can you ____________________ on ____________________?

4. 이 손목시계 할인해 주실 수 있어요?

→ ____?

길거리의 노점상에서만 흥정이 가능하다고 생각하지만 실제로는 쇼핑몰 내의 정식 가게에서도 마음만 먹는다면 흥정이 가능합니다. 가격표에 명시된 가격은 '권장'가격일 뿐입니다.

정답 | **1.** these **2.** discount, this bracelet **3.** give me a discount, these sunglasses
4. Can you give me a discount on this watch

Episode

04 가격 흥정하기 II

문장별 꿀팁

A: How much is this skirt? 이 치마 얼마예요?

TIP skirt(치마) 외에 shorts(반바지), leggings(레깅스), slacks(바지)도 알아 두세요.

B: That one is $25. 그건 25달러입니다

TIP one은 skirt를 받는 대명사로 '것' 정도로 해석합니다.

A: Can you give it to me for $15? 15달러에 주실 수 있어요?

TIP 이 질문 패턴은 할인율로 물어볼 수는 없습니다. 예 for 15% (×) for $15 (○)

B: I can give it to you for $20. 20달러에 드릴 수 있어요.

TIP 이렇게 for는 가격과 함께 쓰여 '얼마에'라는 의미를 나타냅니다. 예 for $3 (3달러에)

핵심표현

Can you give (명사) to me for (가격)? (명사)를 (가격)에 주실 수 있어요?

→ (명사)의 자리에 할인 받고 싶은 물건을 넣고 (가격)에 지불하고 싶은 금액을 넣으세요.

예 Can you give this jacket to me for $20? 이 재킷 30달러에 주실 수 있어요?

예 Can you give these shorts to me for $30?
이 반바지 30달러에 주실 수 있어요?

골라 쓰기 좋은 단어들

it 그것 **this** 이것 **these** 이것들
this toy 이 장난감 **this necklace** 이 목걸이 **this purse** 이 지갑
this handbag 이 핸드백

쇼핑

핵심표현 응용해보기

1. 이거 5달러에 주실 수 있어요?

→ Can you give __________ to me for __________?

2. 이것들 50달러에 주실 수 있어요?

→ Can you give __________ to me __________?

3. 이 핸드백 30달러에 주실 수 있어요?

→ Can you __________ to me __________ $30?

4. 이 목걸이 7달러에 주실 수 있어요?

→ ____?

이번 핵심표현을 더 간단하게는 Can you give me (명사) for (가격)?이라고도 자주 씁니다.
예 Can you give this jacket to me for $20? → Can you give me this jacket for $20?

정답 | **1.** this, $5 **2.** these, for $50 **3.** give this handbag, for **4.** Can you give this necklace to me for $7

둘러보는 중이라고 말하기

❶Do you need help?

❷No, I'm just looking around.

❸Thanks for asking though.

❹Let me know if you need anything.

문장별 꿀팁

A: Do you need help? 도움이 필요하세요?

TIP "Are you looking for anything in particular?(특별히 찾고 있는 게 있으신가요?)"를 들을 수도 있습니다.

B: No, I'm just looking around. 아뇨, 그냥 둘러보는 중이에요.

TIP around는 빼도 무방합니다.

B: Thanks for asking though. 그래도 물어봐 주셔서 고마워요.

TIP 문장 맨 뒤에 though를 넣으면 '그래도, 그렇지만' 정도의 의미를 나타냅니다.

A: Let me know if you need anything. 필요하신 게 있으면 말씀해 주세요.

TIP Let me know로 문장을 시작하면 어떤 사실을 알려 달라고 하는 의미가 됩니다.

핵심표현

I'm just (~ing). 그냥 (~ing)하는 중이에요.

→ 이번 핵심표현은 일반적으로 지금 그 순간에 무엇을 하고 있는지 말하는 표현입니다.

예 I'm just looking. 그냥 보고 있는 중이에요.

예 I'm just relaxing. 그냥 쉬고 있는 중이에요.

골라 쓰기 좋은 단어들

waiting for my husband 남편을 기다리는 중인 **resting** 쉬고 있는 중인

walking around 돌아다니는 중인 **having lunch** 점심을 먹고 있는 중인

쇼핑

핵심표현 응용해보기

1. 그냥 쉬고 있는 중이에요.

→ I'm just ____________________.

2. 그냥 남편을 기다리는 중이에요.

→ I'm just ____________________.

3. 그냥 돌아다니는 중이에요.

→ I'm ____________________.

4. 그냥 점심을 먹고 있는 중이에요.

→ ____________________.

마음에 드는 물건이 없는 경우 부담 없이 I'll look around more. (더 둘러볼게요.) 또는 I'll come back later. (나중에 다시 올게요.)라고 당당히 말하세요.

정답 | **1.** resting **2.** waiting for my husband **3.** just walking around **4.** I'm just having lunch

원하는 물건 찾기

문장별 꿀팁

A: Excuse me. I'm looking for water. 실례합니다. 물을 찾고 있는데요.

TIP look for는 find와 달리, 이미 찾아냈다는 말이 아니라 찾는 과정에 있다는 말입니다.

B: Oh. Water is in aisle #10. 아. 물은 10번 통로에 있어요.

TIP aisle(통로)은 '아이슬'이 아니라 '아일'처럼 발음합니다.

B: You have to go this way. 이쪽으로 가셔야 해요.

TIP 이렇게 have to 뒤에 동사원형을 쓰면 그 행동을 반드시 해야만 한다는 말이 됩니다.

A: Thanks for your help. 도와주셔서 고맙습니다.

TIP helping(돕기)이 아니라 help(도움)를 쓴다는 것을 기억하세요.

핵심표현

Excuse me. I'm looking for (명사). 실례합니다. (명사)를 찾고 있는데요.

→ 대뜸 물어보기 매우 어색하니 꼭 "Excuse me."를 먼저 말하고 이어가세요.

예 Excuse me. I'm looking for milk. 실례합니다. 우유를 찾고 있는데요.

예 Excuse me. I'm looking for plates. 실례합니다. 접시들을 찾고 있는데요.

골라 쓰기 좋은 단어들

diapers 기저귀들	**toilet paper** 화장실 휴지	**beer** 맥주
paper towel 키친타월	**a mask** 마스크	**a pain reliever** 진통제

쇼핑

핵심표현 응용해보기

1. 실례합니다. 화장실 휴지를 찾고 있는데요.

→ Excuse me. I'm looking for ______________________.

2. 실례합니다. 맥주를 찾고 있는데요.

→ Excuse me. I'm ______________ for ______________.

3. 실례합니다. 기저귀들을 찾고 있는데요.

→ ______________. I'm looking ______________ diapers.

4. 실례합니다. 마스크를 찾고 있는데요.

→ ______________________________________.

Where can I find (명사)? ((명사)를 어디서 찾을 수 있나요?)라는 패턴으로 업그레이드도 해 보세요. 더욱 직설적인 질문이 됩니다.

정답 | **1.** toilet paper **2.** looking, beer **3.** Excuse me, for **4.** Excuse me. I'm looking for a mask

Episode

07 사이즈 물어보기

문장별 꿀팁

A: Do you need help? 도움이 필요하세요?

TIP "Is there anything you're looking for?(찾고 있는 게 있으신가요?)"를 들을 수도 있습니다.

B: Yes. Do you have these pants in a small?

네. 이 바지 작은 사이즈로 있나요?

TIP 바지류는 복수 취급하기 때문에 this가 아니라 these를 쓰세요.

B: These are too loose. 너무 헐렁해요.

TIP 너무 꽉 낀다면 loose(헐렁한) 대신 tight(꽉 끼는)를 쓰세요.

A: That's the smallest size we have. 그게 가장 작은 사이즈입니다.

TIP smallest 같은 최상급 형용사 앞에는 항상 the를 씁니다.

핵심표현

Do you have (명사) **in a** (사이즈)**?** 이 (명사) (사이즈)로 있나요?

→ (명사)에는 원하는 옷을 넣고 (사이즈)에는 small, medium, large 등을 넣으세요.

예 Do you have this shirt in a small? 이 셔츠 작은 사이즈로 있나요?

예 Do you have these jeans in a medium? 이 청바지 중간 사이즈로 있나요?

골라 쓰기 좋은 단어들

this blouse 이 블라우스 **this jacket** 이 재킷 **this skirt** 이 치마
these pants 이 바지 **these shorts** 이 반바지 **these leggings** 이 레깅스

쇼핑

핵심표현 응용해보기

1. 이 블라우스 작은 사이즈로 있나요?

→ Do you have this blouse in a ______________________?

2. 이 치마 큰 사이즈로 있나요?

→ Do you have ________________ in a ________________?

3. 이 반바지 중간 사이즈로 있나요?

→ ____________ you have ____________ in a ____________?

4. 이 레깅스 작은 사이즈로 있나요?

→ ____?

extra large나 extra small의 경우에는 extra라는 단어 때문에 앞에 a가 아닌 an을 써야 해요. extra large보다 더 큰 사이즈인 XXL은 extra extra large라고 말하면 됩니다.

정답 | **1.** small **2.** this skirt, large **3.** Do, these shorts, medium **4.** Do you have these leggings in a small

08 색상 물어보기

문장별 꿀팁

A: Do you have this sweater in pink? 이 스웨터 핑크색으로 있나요?

TIP 바지류의 경우엔 this가 아닌 these와 함께 씁니다. 예 these pants

B: It only comes in black and blue. 그건 검정이랑 파랑으로만 나와요.

TIP 어떤 색이나 사이즈로 '나온다'라는 의미의 동사는 바로 come입니다.

A: What about that sweater? 저 스웨터는요?

TIP What about으로 문장을 시작하면 뭔가에 대한 사실이나, 의견을 물어보는 질문이 됩니다.

B: Let me go and check. 가서 확인해 볼게요.

TIP Let me로 시작하는 문장은 I will과 비슷해서 '~할게요' 정도로 해석합니다.

핵심표현

Do you have this (명사) in (색상)? 이 (명사) (색상)으로 있나요?

→ 복수명사를 쓴다면 this 대신 these와 함께 쓰세요.

예 Do you have this dress in black? 이 드레스 검정색으로 있나요?

예 Do you have these tights in blue? 이 타이츠 파란색으로 있나요?

골라 쓰기 좋은 단어들

handbag 핸드백　**sneakers** 운동화　**slacks** 바지

white 흰색　**brown** 갈색　**gray** 회색

쇼핑

핵심표현 응용해보기

1. 이 핸드백 갈색으로 있나요?

→ Do you have this handbag in ____________________?

2. 이 운동화 흰색으로 있나요?

→ Do you have ____________________ in white?

3. 이 모자 노란색으로 있나요?

→ Do you have ______________ in ______________?

4. 이 스웨터 회색으로 있나요?

→ ____?

사려는 물건이 영어로 떠오르지 않는다면 간단히 this(이것) 또는 these(이것들)를 써도 됩니다.

예 Do you have this in black? (이거 검정색으로 있나요?)

예 Do you have these in pink? (이것들 핑크색으로 있나요?)

정답 | **1.** brown **2.** these sneakers **3.** this hat, yellow **4.** Do you have this sweater in gray

Episode

09 옷 입어 보기

문장별 꿀팁

A: I'd like to try on some clothes. 옷 좀 입어 보고 싶은데요.

TIP 단순히 '입다'라는 동사는 put on이지만 '한번 입어 보다'라는 동사는 try on입니다.

B: Sure. How many pieces do you have? 네. 몇 벌이죠?

TIP 옷을 세는 기본적인 단위는 영어로 piece라고 합니다.

A: I have two jackets and a dress shirt. 재킷 두 개와 와이셔츠 하나요.

TIP 입어볼 옷이 한 벌만 있다면 "Just this one.(이거 하나만요.)"라고 간단히 말하세요.

B: You can use this room. 이 탈의실을 쓰시면 됩니다.

TIP 옷 가게의 탈의실 전체를 fitting room이라고 부릅니다.

핵심표현

I have (명사1) and (명사2). (명사1)벌과 (명사2)벌이요.

→ (명사1)과 (명사2)에 입어 볼 옷의 개수와 종류를 넣으세요.

예 I have two blouses and one sweater. 블라우스 두 벌과 스웨터 한 벌이요.

예 I have three shirts. 셔츠 세 벌이요.

골라 쓰기 좋은 단어들

a pair of jeans 청바지 한 벌
one sweater 스웨터 한 벌
three coats 코트 세 벌
two pairs of shorts 반바지 두 벌
two jackets 재킷 두 벌

핵심표현 응용해보기

1. 블라우스 한 벌과 치마 한 벌이요.

→ I have one blouse and ______________________.

2. 셔츠 한 벌과 청바지 두 벌이요.

→ I have ______________________ and ______________________.

3. 셔츠 두 벌과 반바지 한 벌이요.

→ I have ______________________ and ______________________.

4. 재킷 한 벌과 스웨터 두 벌이요.

→ ____.

사려는 옷의 종류가 영어로 떠오르지 않는다면 I have two pieces. (두 벌이요.)처럼 개수만 말해도 괜찮습니다.

정답 | **1.** one skirt **2.** one shirt, two pairs of jeans **3.** two shirts, a pair of shorts
4. I have one jacket and two sweaters

쇼핑

Episode

10 화장품 발라 봐도 되는지 물어보기

문장별 꿀팁

A: Can I try on this lipstick? 이 립스틱 발라 봐도 되나요?

TIP 단순히 '바르다'라는 동사는 put on이지만 '한번 발라 보다'라는 동사는 try on입니다.

B: Of course, you can. 물론 되죠.

TIP Of course는 Sure와 마찬가지로 '물론'이라는 의미입니다.

B: That one is called Romantic Red. 그건 로맨틱 레드라는 색이에요.

TIP A is called B는 'A는 B라고 불린다'라는 덩어리 표현입니다.

A: Oh, I love this color. 오, 이 색 엄청 마음에 드네요.

TIP love는 like보다 마음에 든다는 것을 더 강하게 표현해 줍니다.

핵심표현

Can I try on this (명사)? 이 (명사)를 발라 봐도 되나요?

→ (명사)의 자리에 발라 보고 싶은 화장품의 종류를 넣습니다.

예 Can I try on this eyeshadow? 이 아이섀도 발라 봐도 되나요?

예 Can I try on this mascara? 이 마스카라 발라 봐도 되나요?

골라 쓰기 좋은 단어들

lotion 로션	**sunscreen** 선크림	**lip gloss** 립글로스
foundation 파운데이션	**nail polish** 매니큐어	**blusher** 볼터치

쇼핑

핵심표현 응용해보기

1. 이 로션 발라 봐도 되나요?

→ Can I try on this ____________________?

2. 이 립글로스 발라 봐도 되나요?

→ Can I ____________ this ____________?

3. 이 파운데이션 발라 봐도 되나요?

→ Can I ____________________?

4. 이 매니큐어 발라 봐도 되나요?

→ ____________________?

화장품도 옷과 마찬가지로 화장을 하는 동작이 아니라 이미 화장을 한 상태를 표현할 땐 put on 이 아닌 wear를 씁니다. 예 I'm wearing makeup. (난 메이크업을 한 상태야.)

정답 | **1.** lotion **2.** try on, lip gloss **3.** try on this foundation **4.** Can I try on this nail polish

11 할인 중인지 물어보기

❶Is this scarf on sale?

❷Yes, that one is 30% off.

❸If you buy two, the third one is free.

❹That's a great deal!

문장별 꿀팁

A: Is this scarf on sale? 이 스카프 할인 중인가요?

TIP on sale은 '할인 중인'이라는 뜻이고 for sale은 '판매 중인'이라는 뜻입니다.

B: Yes, that one is 30% off. 네, 그건 30% 할인입니다.

TIP 할인율을 바꾸어 문장을 응용해 보세요. 예 That one is 10% off. (그건 10% 할인입니다.)

B: If you buy two, the third one is free.

두 개를 사시면 세 번째는 무료예요.

TIP 영어로 '1+1상품'은 buy-one-get-one-free item이라고 합니다.

A: That's a great deal! 좋은 딜이네요!

TIP deal은 '거래'라는 의미의 명사입니다.

핵심표현

Is this (명사) on sale? 이 (명사) 할인 중인가요?

→ (명사)가 복수라면 Is this 대신 Are these를 쓰세요.

예 Is this speaker on sale? 이 스피커 할인 중인가요?

예 Are these earphones on sale? 이 이어폰 할인 중인가요?

골라 쓰기 좋은 단어들

charger 충전기	**doll** 인형	**pants** 바지
snacks 과자들	**eyeliner** 아이라이너	**nail polish remover** 네일 리무버

핵심표현 응용해보기

1. 이 인형 할인 중인가요?

→ Is this ______________________ on sale?

2. 이 아이라이너 할인 중인가요?

→ Is this eyeliner ______________________?

3. 이 바지 할인 중인가요?

→ ______________ pants ______________?

4. 이 네일 리무버 할인 중인가요?

→ ______________________________?

재고 정리를 위해 대폭 할인된 물건은 clearance item이라고 부릅니다.
할인 중인지 물어봤을 때 That's a clearance item. 하면 바로 get해야겠죠?

정답 | **1.** doll **2.** on sale **3.** Are these, on sale **4.** Is this nail polish remover on sale

Episode

12 물건 환불받기

문장별 꿀팁

A: Can I get a refund for this jacket? 이 재킷 환불 좀 받을 수 있을까요?

TIP get a refund는 '환불을 받다', 그리고 give a refund는 '환불을 해주다'입니다.

B: Sure. What's wrong with it? 그럼요. 어떤 문제인가요?

TIP it 대신 물건 이름을 직접 넣을 수도 있습니다. 예 with the jacket, with the shoes

A: It's too tight for me. 저한테 너무 꽉 껴요.

TIP 너무 헐렁할 땐 tight(꽉 끼는) 대신 loose(헐렁한)를 쓰세요.

B: OK. Let me see your receipt. 알겠습니다. 영수증을 보여 주세요.

TIP receipt(영수증)은 p가 묵음이기 때문에 '뤼씻'에 가깝게 발음합니다.

핵심표현

Can I get a refund for this (명사)? 이 (명사) 환불 좀 받을 수 있을까요?

→ 복수명사를 쓰려면 this 대신 these로 바꾸세요.

예 Can I get a refund for this hat? 이 모자 환불 좀 받을 수 있을까요?

예 Can I get a refund for these shorts? 이 반바지 환불 좀 받을 수 있을까요?

골라 쓰기 좋은 단어들

shirt 셔츠	**dress shirt** 와이셔츠	**skirt** 치마
sneakers 운동화	**pants** 바지	**shoes** 신발

쇼핑

핵심표현 응용해보기

1. 이 셔츠 환불 좀 받을 수 있을까요?

→ Can I get a refund for this ______________________?

2. 이 치마 환불 좀 받을 수 있을까요?

→ Can I get a ______________ for this ______________?

3. 이 운동화 환불 좀 받을 수 있을까요?

→ Can I get a ______________ for ______________?

4. 이 와이셔츠 환불 좀 받을 수 있을까요?

→ ______________________________________?

환불을 해달라는 표현 중에 Can I get my money back?이라는 것도 있는데 이 표현은 아무리 조심해도 무례하게 느껴질 수 있기 때문에 크게 추천하지는 않습니다.

정답 | **1.** shirt **2.** refund, skirt **3.** refund, these sneakers **4.** Can I get a refund for this dress shirt

Episode

13 물건 교환하기

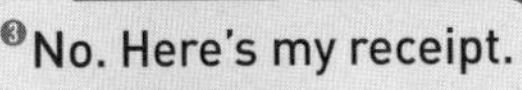

문장별 꿀팁

A: I'd like to exchange this shirt for a large size.

이 셔츠를 큰 사이즈로 교환하고 싶은데요.

TIP a larger size 대신 다른 사이즈나 아예 다른 물건 이름을 넣어도 좋습니다.

B: OK. Did you remove the tag? 알겠습니다. 태그를 제거하셨나요?

TIP tag 대신 price tag(가격표)라는 단어를 들을 수도 있습니다.

A: No. Here's my receipt. 아뇨. 여기 영수증이 있어요.

TIP Here's로 문장을 시작하면 '여기 ~가 있어요' 하며 뭔가를 제시할 때 쓰는 말이 됩니다.

B: OK. I'll go and get a large size. 네. 가서 큰 사이즈를 가져올게요.

TIP get은 bring처럼 뭔가를 가져온다는 의미의 동사입니다.

핵심표현

I'd like to exchange this shirt for a (명사). 이 셔츠를 (명사)로 교환하고 싶은데요.

→ shirt 또한 구매한 다른 물건으로 바꿔 응용할 수 있습니다. 예 sweater

예 I'd like to exchange this shirt for a small size.

이 셔츠를 작은 사이즈로 교환하고 싶은데요.

예 I'd like to exchange this skirt for a medium size.

이 치마를 중간 사이즈로 교환하고 싶은데요.

골라 쓰기 좋은 단어들

small size 작은 사이즈 **medium size** 중간 사이즈 **large size** 큰 사이즈
different item 다른 제품 **different shirt** 다른 셔츠

핵심표현 응용해보기

1. 이 셔츠를 중간 사이즈로 교환하고 싶은데요.

→ I'd like to exchange this shirt for a ________________.

2. 이 치마를 작은 사이즈로 교환하고 싶은데요.

→ I'd like to ____________ this skirt for a ____________.

3. 이 블라우스를 다른 제품으로 교환하고 싶은데요.

→ I'd like to ________________ for a ____________.

4. 이 셔츠를 다른 셔츠로 교환하고 싶은데요.

→ ________________________________.

외국은 교환 및 환불 정책이 생각보다 까다롭기 때문에 본문의 내용처럼 price tag를 제거하면 교환이나 환불이 거의 불가능하니 반드시 주의하세요.

정답 | **1.** medium size **2.** exchange, small size **3.** exchange this blouse, different item
4. I'd like to exchange this shirt for a different shirt

쇼핑

Episode 14 제품이 불량이라고 말하기

문장별 꿀팁

A: This sweater has a stain on it. 이 스웨터에 얼룩이 있어요.

TIP stain(얼룩)은 셀 수 있는 명사이기 때문에 단수와 복수로 둘 다 쓸 수 있습니다.

A: Do you have another one? 다른 거 있나요?

TIP another를 직역하면 '또 하나의'라는 뜻입니다.

B: Oh, that's the last one. 오, 그게 마지막 물건이에요.

TIP 여기서 one은 sweater를 받는 대명사입니다.

B: I'll give you a discount. 할인해 드릴게요.

TIP 'give (사람) a discount((사람)에게 할인을 해주다)'도 같이 익혀 두세요.

핵심표현

This (명사) has a stain on it. 이 (명사)에 얼룩이 있어요.

→ (명사)의 자리에 복수명사를 넣고 싶다면 'These (명사) have a stain on them.'으로 쓰세요.

예 This blouse has a stain on it. 이 블라우스에 얼룩이 있어요.

예 This hat has a stain on it. 이 모자에 얼룩이 있어요.

골라 쓰기 좋은 단어들

wallet 지갑	**gloves** 장갑	**shirt** 셔츠
cardigan 카디건	**socks** 양말	**hoodie** 후드셔츠

쇼핑

핵심표현 응용해보기

1. 이 지갑에 얼룩이 있어요.

→ This ______________________ has a stain on it.

2. 이 셔츠에 얼룩이 있어요.

→ This ______________ has a ______________ on it.

3. 이 장갑에 얼룩이 있어요.

→ ______________ have a stain ______________.

4. 이 후드티에 얼룩이 있어요.

→ ______________________________.

대화 내용처럼 상품에 하자가 있을 경우 Can you give me a discount? 하며 할인해줄 수 있는지 먼저 물어보세요. 매니저와 확인 후 동의해 줄 확률이 꽤 높습니다.

정답 | **1.** wallet **2.** shirt, stain **3.** These gloves, on them **4.** This hoodie has a stain on it

Episode 15 필요한 것 말하고 추천 받기

문장별 꿀팁

A: I need a gift for my wife. 제 아내를 위한 선물이 필요한데요.

TIP gift는 다른 명사와 섞어서 쓸 수도 있습니다. 예 gift shop (선물 가게)

A: Can you recommend me something? 뭔가를 추천해 주실 수 있나요?

TIP recommend는 '추천하다'란 의미의 동사이며 명사형은 recommendation(추천)입니다.

B: I recommend this silver necklace. 이 은목걸이를 추천합니다.

TIP recommend에서 re는 '뤼'가 아니라 '뤠'에 가깝게 발음하세요.

B: It's very popular among ladies. 여자분들 사이에서 아주 인기가 좋아요.

TIP popular(인기 있는)와 famous(유명한)를 혼동하지 마세요.

핵심표현

I need (명사1) **for my** (명사2)**.** (명사2)를 위한 (명사1)이 필요한데요.

→ (명사1)에는 필요한 물건을, (명사2)에는 선물을 받을 사람을 넣으세요.

예 I need a gift for my husband. 제 남편을 위한 선물이 필요한데요.

예 I need shoes for my son. 제 아들을 위한 신발이 필요한데요.

골라 쓰기 좋은 단어들

a gift 선물 / **sneakers** 운동화 / **a toy** 장난감
souvenirs 기념품들 / **daughter** 딸 / **grandmother** 할머니
child 아이 / **friends** 친구들

쇼핑

핵심표현 응용해보기

1. 제 아이를 위한 선물이 필요한데요.

→ I need ______________________ for my child.

2. 제 딸을 위한 장난감이 필요한데요.

→ I need ______________ for ______________.

3. 저희 할머니를 위한 운동화가 필요한데요.

→ I need ______________________ my grandmother.

4. 제 친구들을 위한 기념품들이 필요한데요.

→ ______________________________________.

단순히 추천을 할 때는 I recommend (명사).를 쓰고 강력히 추천할 때는 I highly recommend (명사). 또는 I strongly recommend (명사).를 씁니다.

정답 | **1.** a gift **2.** a toy, my daughter **3.** sneakers for **4.** I need souvenirs for my friends

Episode

16 물건 비교하기

문장별 꿀팁

A: Which one is cheaper? 어떤 게 더 저렴해요?

TIP Which로 문장을 시작하면 한정된 옵션을 주고 물어보는 질문이 됩니다.

B: The white one is cheaper. 흰색으로 된 게 더 저렴합니다.

TIP cheaper(더 저렴한)의 반대는 more expensive(더 비싼)입니다.

B: But it's definitely weaker. 하지만 그게 확실히 더 약해요.

TIP definitely(확실히, 분명히)와 비슷하게 자주 쓰는 단어는 absolutely입니다.

A: Gosh... This is too hard. 어휴… 너무 힘드네요.

TIP "Gosh..."는 답답한 상황에서 가볍게 쓰는 감탄사입니다.

핵심표현

Which one is (비교급 형용사)? 어떤 게 더 (비교급 형용사)해요?

→ 여기에 one대신 물건을 나타내는 명사를 넣어도 좋습니다. 예 Which hairpin (어떤 머리핀)

예 Which one is faster? 어떤 게 더 빨라요?

예 Which mascara is cheaper? 어떤 마스카라가 더 저렴해요?

골라 쓰기 좋은 단어들

lighter 더 가벼운	**more popular** 더 인기 있는	**more expensive** 더 비싼
darker 더 어두운	**better** 더 나은	**longer** 더 긴

쇼핑

핵심표현 응용해보기

1. 어떤 게 더 가벼워요?

→ Which one is ______________________?

2. 어떤 게 더 비싸요?

→ ______________ one is ______________?

3. 어떤 컴퓨터가 더 나아요?

→ ______________ is ______________?

4. 어떤 게 더 인기 있어요?

→ ______________________?

비교급 형용사는 단어의 음절에 따라 모양이 결정되지만 그 규칙을 깨는 경우도 허다하기 때문에 너무 스트레스 받을 필요는 없습니다. 일반적으로는 2음절이 넘어가면 형용사 앞에 more를 넣습니다. 예 more beautiful

정답 | **1.** lighter **2.** Which, more expensive **3.** Which computer, better **4.** Which one is more popular

Episode

17 영업시간 물어보기

문장별 꿀팁

A: What time do you close? 몇 시에 닫으시나요?

TIP 여기서 you는 사실상 your store(당신의 가게)를 나타내는 말이라고 봐야 합니다.

B: We close at 9. 9시에 닫습니다.

TIP '몇 시에'라고 할 때는 시간 앞에 무조건 at을 씁니다.

A: Gosh... I should hurry. 이런… 서둘러야겠네요.

TIP hurry(서두르다)를 더욱 강조하고 싶다면 hurry up을 써도 좋습니다.

B: Take your time. You still have 30 minutes.

천천히 하세요. 아직 30분 남았어요.

TIP "Take your time."은 시간을 가지고 천천히 일을 보라는 말입니다.

핵심표현

What time do you (동사원형)? 몇 시에 (동사원형)하시나요?

→ (동사원형) 뒤에 때를 나타내는 단어들을 추가할 수도 있습니다. 예 tomorrow, on Monday

예 What time do you close tonight? 오늘 밤 몇 시에 닫으시나요?

예 What time do you open? 몇 시에 여시나요?

골라 쓰기 좋은 단어들

close today 오늘 닫다
open and close 열고 닫다
open on Monday 월요일에 열다
open tomorrow 내일 열다
close on Saturday 토요일에 닫다

쇼핑

핵심표현 응용해보기

1. 오늘 몇 시에 닫으시나요?

→ What time do you ______________________?

2. 내일 몇 시에 여시나요?

→ What time do you ______________________?

3. 몇 시에 열고 닫으시나요?

→ ______________ do you ______________?

4. 토요일에 몇 시에 닫으시나요?

→ ____________________________________?

가게의 '영업시간'은 영어로 store hours라고 합니다.
전체적인 영업시간을 물어보고 싶다면 What are your store hours?라고 물어보세요.

정답 | **1.** close today **2.** open tomorrow **3.** What time, open and close **4.** What time do you close on Saturday

쇼핑 도와준 사람 언급하기

❶Did you find everything OK?

❷Yes, thanks.

❸Did anyone help you today?

❹Yes. That lady in the blue shirt.

문장별 꿀팁

A: Did you find everything OK? 찾으시는 물건 다 잘 찾으셨나요?

TIP OK 대신 alright(괜찮은/괜찮게)을 들을 수도 있습니다.

예 Did you find everything alright?

B: Yes, thanks. 네, 고마워요.

TIP "Thanks."를 쓴다고 무례한 게 아닙니다. 오히려, "Thank you."보다 친근한 느낌을 줍니다.

A: Did anyone help you today? 오늘 도와준 직원이 있나요?

TIP 도와준 직원이 없다면 단순히 "No."라고 하면 됩니다.

B: Yes. That lady in the blue shirt. 네. 파란 셔츠 입은 저 여자분이요.

TIP 여기서 in은 wearing(입은)과 같은 의미입니다.

핵심표현

That (사람) **in the** (옷)**.** (옷)을 입은 (사람)이요.

→ (사람)의 자리에 도와준 사람의 성별을 나타내는 단어 정도만 넣어 주세요.

예 lady, girl, guy

예 That lady in the black shirt. 검정색 셔츠 입은 저 여자분이요.

예 That gentleman in the blue sweater. 파란 스웨터 입은 저 남자분이요.

골라 쓰기 좋은 단어들

lady 여자분	**girl** 여자	**gentleman** 남자분	
guy 남자	**shirt** 셔츠	**clothes** 옷	**dress** 드레스

쇼핑

핵심표현 응용해보기

1. 하얀색 옷 입은 저 여자분이요.

→ That ______________________ in the white clothes.

2. 노란색 셔츠 입은 저 남자분이요.

→ That ______________ in the ______________.

3. 빨간색 드레스 입은 저 여자요.

→ That girl ______________________.

4. 분홍색 셔츠 입은 저 남자요.

→ ______________________.

Did you find everything OK?는 물건을 잘 찾았냐는 질문이 될 수도 있지만 모든 쇼핑이 괜찮았냐는 질문이 될 수도 있습니다. 어떤 의미이든 Yes.란 대답은 잘 어울리죠.

정답 | **1.** lady **2.** gentleman, yellow shirt **3.** in the red dress **4.** That guy in the pink shirt

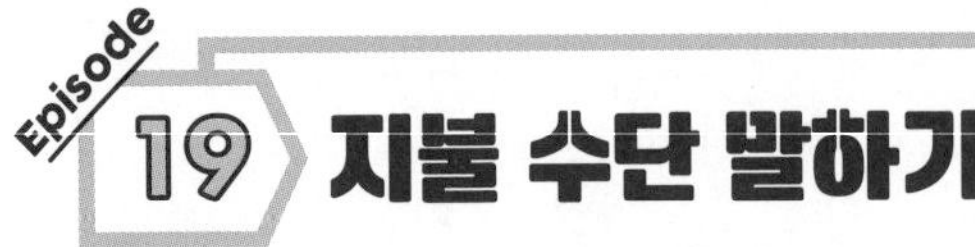

❶How would you like to pay?

❷I'll pay with a credit card.

❸Can I see your ID?

❹Sure. Here you go.

문장별 꿀팁

A: How would you like to pay? 지불은 어떻게 하시겠어요?

TIP would you like to는 do you want to와 의미는 같지만 더 예의 바른 표현입니다.

B: I'll pay with a credit card. 신용 카드로 낼게요.

TIP with 뒤에는 어떤 도구나 수단이 오면서 '~로, ~를 사용해서' 정도로 해석합니다.

A: Can I see your ID? 신분증을 볼 수 있을까요?

TIP 여행자에게 인정되는 신분증은 international driver's license(국제면허증)와 passport(여권) 정도입니다.

B: Sure. Here you go. 그럼요. 여기 있어요.

TIP "Here you go.(여기 있어요.)"를 "There you go.(바로 그거죠.)"와 혼동하지 마세요.

핵심표현

I'll pay with (명사). (명사)로 낼게요.

→ (명사)는 cash(현금)를 제외하고는 관사 a/an과 함께 쓰세요.

예 I'll pay with a debit card. 체크 카드로 낼게요.

예 I'll pay with two credit cards. 신용 카드 두 개로 낼게요.

골라 쓰기 좋은 단어들

credit card 신용 카드 **debit card** 체크 카드 **cash** 현금
check 수표 **traveler's check** 여행자 수표

쇼핑

핵심표현 응용해보기

1. 수표로 낼게요.

→ I'll pay with ______________________.

2. 여행자 수표로 낼게요.

→ I'll pay ______________________.

3. 체크 카드 두 개로 낼게요.

→ I'll ______________ with ______________.

4. 현금으로 낼게요.

→ ______________________.

현금의 경우에는 with 대신 in을 써도 됩니다. 예 pay with cash = pay in cash
심지어 전치사를 아예 안 넣어도 됩니다. 예 pay cash

정답 | **1.** a check **2.** with a traveler's check **3.** pay, two debit cards **4.** I'll pay with cash

신분증 제시하기

❶ Is that everything?

❷ Yes. That's it.

❸ Can I see your ID please?

❹ Sure. Here's my driver's license.

BE BEER

문장별 꿀팁

A: Is that everything? 그게 전부인가요?

TIP 비슷하게는 "Is that all?" 그리고 "Is that it?"이 있습니다.

B: Yes. That's it. 네. 그게 다예요.

TIP 더 필요한 게 있다면 "Actually, can I also have (명사)?(사실, (명사)도 주실 수 있나요?)"를 쓰세요.

A: Can I see your ID please? 신분증을 보여 주시겠어요?

TIP ID는 identification(신분증)의 약자입니다.

B: Sure. Here's my driver's license. 그럼요. 여기 제 운전면허증입니다.

TIP license는 운전면허증을 포함한 모든 종류의 자격증을 의미합니다.

핵심표현

Here's my (명사). 여기 제 (명사)가 있어요.

→ 여기에 my 대신 a를 쓰면 틀린 문장이 되므로 주의하세요.

예 Here's my international driver's license. 여기 제 국제 운전면허증이 있어요.

예 Here's my passport. 여기 제 여권이 있어요.

골라 쓰기 좋은 단어들

driver's license 운전면허증
passport 여권
mobile ID 모바일 신분증
student ID 학생증
international student ID 국제 학생증

쇼핑

핵심표현 응용해보기

1. 여기 제 신분증이 있어요.

→ Here's my ______________________.

2. 여기 제 학생증이 있어요.

→ Here's ______________________.

3. 여기 제 모바일 신분증이 있어요.

→ Here's ______________________.

4. 여기 제 국제 학생증이 있어요.

→ ______________________.

15세든 75세든 술이나 담배를 살 경우에는 겉으로 보이는 모습에 상관없이 무조건 신분증을 제시해야 합니다. 이는 엄격하게 적용되는 법이므로 절대 불쾌해 할 필요가 없습니다.

정답 | **1.** ID **2.** my student ID **3.** my mobile ID **4.** Here's my international student ID

큰돈을 잔돈으로 바꾸기

❶Do you have change for a $100 bill?

❷Sure, what do you need?

❸I need four 20s and two 10s.

❹I'm sorry.
We don't have any 10s.

문장별 꿀팁

A: Do you have change for a $100 bill?

100달러짜리 지폐 바꿔 주실 잔돈 있나요?

TIP 여기서 change는 '변화'라는 뜻이 아니라 '잔돈, 거스름돈'이라는 뜻이며 관사를 쓰지 않습니다.

B: Sure, what do you need? 그럼요. 어떤 지폐가 필요하시죠?

TIP 이 질문은 필요한 지폐의 단위를 물어보는 것입니다. 예 5달러짜리 지폐, 10달러짜리 지폐

A: I need four 20s and two 10s. 20달러짜리 4개랑 10달러짜리 2개가 필요해요.

TIP 20s는 20 dollar bills, 10s는 10 dollar bills를 줄인 표현입니다.

B: I'm sorry. We don't have any 10s. 죄송해요. 10달러짜리는 하나도 없네요.

TIP 이렇게 부정문에 any를 넣으면 '조금도 아니다, 하나도 아니다'라는 느낌을 줄 수 있습니다.

핵심표현

Do you have change for a (지폐단위) bill?

(지폐단위)짜리 지폐 바꿔 주실 잔돈 있나요?

→ 여기서 (지폐단위)는 단수로 읽습니다. 예 a $10 bill → a ten dollar bill

예 Do you have change for a $50 bill? 50달러짜리 지폐 바꿔 주실 잔돈 있나요?

예 Do you have change for this? 이거 바꿔 주실 잔돈 있나요?

골라 쓰기 좋은 단어들

a $100 bill 100달러짜리 지폐 하나

this 이것, 이 돈

a $20 bill 20달러짜리 지폐 하나

two $100 bills 100달러짜리 지폐 두 개

a $50 bill 50달러짜리 지폐 하나

쇼핑

핵심표현 응용해보기

1. 50달러짜리 지폐 바꿔 주실 잔돈 있나요?

→ Do you have change for ____________________?

2. 50달러짜리 지폐 두 개 바꿔 주실 잔돈 있나요?

→ Do you have change for ____________________?

3. 20달러짜리 지폐 바꿔 주실 잔돈 있나요?

→ Do you have ____________ for ____________?

4. 10달러짜리 지폐 바꿔 주실 잔돈 있나요?

→ ______________________________?

해외가 오히려 국내에서 보다 잔돈을 바꿔 주는 것에 후한 편입니다.
하지만 좀 미안하다면 껌 같은 소액의 물건을 사는 것도 에티켓이 되겠습니다.

정답 | **1.** a $50 bill **2.** two $50 bills **3.** change, a $20 bill **4.** Do you have change for a $10 bill

영수증 못 받았다고 말하기

RECEIPT

❶ I didn't get a receipt.

❷ Oh, I put it in the bag.

❸ Oh, I didn't notice that.

❹ There's a gift receipt, too.

문장별 꿀팁

A: I didn't get a receipt. 영수증을 못 받았는데요.

TIP get 대신 receive(받다)란 동사를 써도 의미는 같습니다.

B: Oh, I put it in the bag. 오, 쇼핑백 안에 넣어 드렸어요.

TIP put은 '놓다'라는 뜻인데 in과 함께 쓰면 '넣다'가 됩니다.

A: Oh, I didn't notice that. 오, 몰랐어요.

TIP notice는 '알아채다, 눈치채다'란 동사인데 빠르게 하면 '노리쓰'처럼 발음됩니다.

B: There's a gift receipt, too. 선물 영수증도 있어요.

TIP 이렇게 긍정문 뒤에 too를 추가하면 '~도' 정도의 의미가 됩니다.

핵심표현

I didn't get (명사). (명사)를 못 받았는데요.

→ (명사)의 자리에 받지 못한 것을 넣어 응용해 보세요.

예 I didn't get my change. 제 잔돈을 못 받았는데요.

예 I didn't get my food. 제 음식을 못 받았는데요.

골라 쓰기 좋은 단어들

my ticket 제 표 **my boarding pass** 제 탑승권 **my key** 제 열쇠
my drink 제 음료 **my food** 제 음식 **the bill** 청구서

쇼핑

핵심표현 응용해보기

1. 제 표를 못 받았는데요.

→ I didn't get ______________________.

2. 제 탑승권을 못 받았는데요.

→ I didn't ______________________.

3. 제 음료를 못 받았는데요.

→ I ______________ get ______________.

4. 청구서를 못 받았는데요.

→ ______________________.

선물 영수증은 요청하지 않으면 주는 경우가 드물기 때문에 Can I get a gift receipt, too? (선물 영수증도 주실 수 있나요?)를 함께 익혀 두세요.

정답 | **1.** my ticket **2.** get my boarding pass **3.** didn't, my drink **4.** I didn't get the bill

Chapter 05

식당

01 자리 있는지 물어보기

02 예약 시간 말하기

03 인원 수 말하기

04 원하는 자리 말하기

05 다른 테이블로 옮겨 달라고 하기

06 음식 주문하기

07 음료 주문하기

08 특정 재료 넣지 말아 달라고 말하기

09 원하는 익힘 정도를 말하기

10 음식 안 나온다고 불평하기

11 음식에 뭔가 들어갔다고 말하기

12 식사 중에 더 필요한 것 말하기

13 음식을 옷에 흘렸다고 말하기

14 커피 주문하기

15 디저트 주문하기

16 음료 리필해 달라고 하기

17 남은 음식 포장해 가기

Episode 01 자리 있는지 물어보기

문장별 꿀팁

A: Do you have a table for two? 두 명 자리 있나요?

TIP two만 써도 두 명이라는 뜻이지만 two people이라고 써도 좋습니다.

B: I'm sorry. Our tables are full. 죄송합니다. 테이블이 꽉 찼어요.

TIP "We are fully booked.(예약이 꽉 찼습니다.)"도 알아 두세요.

A: How long do we have to wait? 얼마나 오래 기다려야 하나요?

TIP How long으로 문장을 시작하면 기간이나 거리를 물어보는 질문이 됩니다.

B: At least an hour. 적어도 1시간입니다.

TIP at least는 '적어도'라는 뜻이고, at (the) most는 '아무리 많아도'라는 뜻입니다.

핵심표현

Do you have a table for (사람 수)? (사람 수) 자리 있나요?

→ (사람 수) 뒤에 people을 추가해도 되는데, 만약 한 명이라면 people 대신 person을 씁니다.

예 Do you have a table for four? 네 명 자리 있나요?

예 Do you have a table for four people? 네 명 자리 있나요?

골라 쓰기 좋은 단어들

one 한 명	**one person** 한 명	**a group of ten** 열 명의 단체
two 두 명	**two people** 두 명	**a party of ten** 열 명의 단체

핵심표현 응용해보기

1. 세 명 자리 있나요?

→ Do you have a table for ____________________?

2. 한 명 자리 있나요?

→ Do you have ____________ for ____________?

3. 다섯 명 자리 있나요?

→ Do you have ____________________?

4. 일곱 명의 단체 자리 있나요?

→ ____________________?

테이블이 꽉 찼을 경우 이름과 연락처를 남기겠냐고 물어볼 수도 있습니다. 그럴 경우 Would you like to leave your name and number?를 듣게 될 것입니다.

정답 | **1.** three (people) **2.** a table, one (person) **3.** a table for five (people)
4. Do you have a table for a group[party] of seven

식당

Episode

02 예약 시간 말하기

문장별 꿀팁

A: Did you make a reservation? 예약하셨나요?

TIP make a reservation은 '예약을 하다'라는 덩어리 동사입니다.

B: Yes, I have a 6:30 reservation. 네, 6시 30분으로 예약했어요.

TIP have 대신 made를 써도 의미는 같습니다.

A: Can I have your name? 성함이 어떻게 되시죠?

TIP 단순히 "What's your name?(성함이 어떻게 되시죠?)"이라고 할 수도 있습니다.

B: It's Emily Park. Emily Park입니다.

TIP "It's under Emily Park."으로 말해도 됩니다.

핵심표현

I have a/an (시간) reservation. (시간)으로 예약했어요.

→ 여기서 (시간)이 정각이라면 o'clock이란 단어를 꼭 추가하고 8시(eight)와 11시(eleven) 앞에는 an을 사용하세요.

예 I have a 7:30 reservation. 7시 30분으로 예약했어요.

예 I have an 8 o'clock reservation. 8시로 예약했어요.

골라 쓰기 좋은 단어들

10:30 10시 30분 **10** 10시 **10 o'clock** 10시 정각

핵심표현 응용해보기

1. 5시 30분으로 예약했어요.

→ I have a ______________________ reservation.

2. 5시로 예약했어요.

→ I have a ______________________.

3. 8시 30분으로 예약했어요.

→ I have ______________________.

4. 11시로 예약했어요.

→ ______________________.

Did you make a reservation?과 같은 의미로 Do you have a reservation?을 들을 수도 있습니다. 이렇게 장소의 예약은 reservation을 쓰고, 사람과의 예약(예 의사 상담)은 appointment를 씁니다.

정답 | **1.** 5:30 **2.** 5 o'clock reservation **3.** an 8:30 reservation **4.** I have an 11 o'clock reservation

Episode

03 인원 수 말하기

문장별 꿀팁

A: How many? 몇 분이시죠?

TIP "How many people do you have?"를 줄인 표현입니다.

B: We have a party of two. 두 명입니다.

TIP 여기서 party는 '단체'라는 의미입니다.

A: Did you make a reservation? 예약하셨나요?

TIP 같은 의미의 "Do you have a reservation?"이라는 질문을 들을 수도 있습니다.

B: No, we didn't. 아뇨, 안 했어요.

TIP "No, we didn't make a reservation."을 줄인 표현입니다.

핵심표현

We have a party of (사람 수). (사람 수) 명입니다.

→ a party of는 빼도 괜찮습니다. 혼자 왔다면 "Just one."이라고 하세요.

예 We have a party of three. 세 명입니다.

예 We have three. 세 명입니다.

골라 쓰기 좋은 단어들

a party of two 2명 **2** 2명 **2 people** 2명

Just one. 한 명이요. **Just one person.** 한 명이요.

식당

핵심표현 응용해보기

1. 네 명입니다.

→ We have a party of ________________.

2. 다섯 명입니다.

→ We have a ________________ of ________________.

3. 10명입니다.

→ We have ________________.

4. 12명입니다.

→ .

a party of는 생각보다 형식적인 단어입니다. 굉장히 캐주얼한 동네 식당에서는 차라리 생략하는 것을 추천합니다.

정답 | **1.** four **2.** party, five **3.** (a party of) ten **4.** We have (a party of) twelve

원하는 자리 말하기

문장별 꿀팁

A: Where would you like to sit? 어디에 앉고 싶으신가요?

TIP "Would you like to sit inside or outside?(안에 앉고 싶으신가요 바깥에 앉고 싶으신가요?)"를 들을 확률도 높습니다.

B: We'd like to sit inside. 안에 앉고 싶어요.

TIP 여기서 'd는 거의 발음하지 않습니다. '위드'보다는 '윋'처럼 발음하세요.

A: Would you like to sit next to the window? 창문 옆에 앉는 것 괜찮으세요?

TIP next to는 '~의 옆에'라는 의미입니다.

B: That would be lovely! 그럼 좋죠!

TIP lovely 대신 nice 또는 great을 써도 좋습니다.

핵심표현

We'd like to sit (위치). (위치)에 앉고 싶어요.

→ inside/outside/here/there 외에는 앉고 싶은 위치를 전치사와 섞어 사용합니다.

예 in the room

예 We'd like to sit outside. 밖에 앉고 싶어요.

예 We'd like to sit here. 여기에 앉고 싶어요.

골라 쓰기 좋은 단어들

here 여기에
there 저기에
next to the window 창문 옆에
on the porch 야외석에
far from the restroom 화장실에서 멀리 떨어져

식당

핵심표현 응용해보기

1. 저기에 앉고 싶어요.

→ We'd like to sit ______________________.

2. 창문 옆에 앉고 싶어요.

→ We'd like to sit ______________________.

3. 야외석에 앉고 싶어요.

→ We'd like to ______________________.

4. 화장실에서 멀리 떨어져 앉고 싶어요.

→ ______________________.

더 큰 테이블을 원하면 We need a bigger table.이라고 하세요.
아기 의자가 필요하면 I need a high chair for my baby.라고 하세요.

정답 | **1.** there **2.** next to the window **3.** sit on the porch **4.** We'd like to sit far from the restroom

다른 테이블로 옮겨 달라고 하기

❶ Did you need something?

❷ Yes. Could you move us to another table?

❸ This one is too small for 4 people.

❹ I see. I'll go and check.

문장별 꿀팁

A: Did you need something? 뭔가 필요하셨나요?

TIP something(뭔가) 대신 anything(무엇이라도)을 들을 수도 있습니다.

B: Yes. Could you move us to another table?

네. 저희 다른 테이블로 옮겨 주실 수 있나요?

TIP move는 본인이 옮긴다는 뜻도 되지만, 목적어와 함께 쓰면 그 목적어를 옮긴다는 말입니다.

B: This one is too small for 4 people. 이 테이블은 네 명에게 너무 작아요.

TIP too(너무)는 so(매우)와는 달리 부정적인 뉘앙스를 풍깁니다.

A: I see. I'll go and check. 그렇군요. 가서 확인해 보겠습니다.

TIP "I see."는 '알겠어요.'라는 의미이며, 비슷하게는 "OK." 또는 "I got it." 정도가 있습니다.

핵심표현

Could you move us to (명사)? 저희를 (명사)로 옮겨 주실 수 있나요?

→ us(저희를) 외에도 다른 목적어를 써서 응용해 보세요. 예 me (저를), them (그들을)

예 Could you move us to that table? 저희를 저 테이블로 옮겨 주실 수 있나요?

예 Could you move me to another table?

저를 다른 테이블로 옮겨 주실 수 있나요?

골라 쓰기 좋은 단어들

another table 다른 테이블
a bigger table 더 큰 테이블
a bigger room 더 큰 방
that table 저 테이블
another room 다른 방
another seat 다른 좌석

핵심표현 응용해보기

1. 저희를 더 큰 테이블로 옮겨 주실 수 있나요?

→ Could you move us to ______________________?

2. 저희를 다른 방으로 옮겨 주실 수 있나요?

→ Could you ______________ us to ______________?

3. 저를 다른 좌석으로 옮겨 주실 수 있나요?

→ Could you move ______________ to ______________?

4. 저희를 더 큰 방으로 옮겨 주실 수 있나요?

→ ______________________________________?

another는 현재의 것 말고 아예 '다른' 것을 의미하기도 하지만 현재의 것에 또 하나를 더한다는 의미도 됩니다. 예 I want another drink. (한 잔 더 원해요.)

정답 | **1.** a bigger table **2.** move, another room **3.** me, another seat
4. Could you move us to a bigger room

식당

Episode 06 음식 주문하기

문장별 꿀팁

A: Are you ready to order? 주문할 준비 되셨나요?

TIP 연음현상에 의해 ready는 '뤠리' 그리고 order는 '오얼럴'처럼 들릴 수도 있습니다.

B: Yes. Let me have a steak. 네. 저는 스테이크 주세요.

TIP Let me 대신 I will을 써도 됩니다.

B: And a cheeseburger for my son. 그리고 제 아들은 치즈버거 주세요.

TIP 다른 사람 대신 주문할 때는 for her, for him, for my son 등으로 응용해도 좋습니다.

A: So, one steak and one cheeseburger, right?

그러니까, 스테이크 하나, 치즈버거 하나 맞으시죠?

TIP 주문 확인 후 "Anything else?(더 필요하신 거 없으세요?)"를 들을 수도 있습니다.

핵심표현

Let me have (음식). 전 (음식) 주세요.

→ 원하는 음식이 하나 이상이라면 and로 이어가 주세요. 예 a hamburger and a steak

예 Let me have a double cheeseburger. 더블 치즈버거 주세요.

예 Let me have a Mayu Pasta. 마유 파스타 주세요.

골라 쓰기 좋은 단어들

this one 이것
a hamburger 햄버거
the special of the day 오늘의 요리
this one and this one 이거랑 이거
French fries 감자튀김

식
당

핵심표현 응용해보기

1. 이것 주세요.

→ Let me have ____________________.

2. 이거랑 이거 주세요.

→ Let me have ____________________.

3. 감자튀김 주세요.

→ ______________ me have ______________.

4. 오늘의 요리 주세요.

→ .

음식 주문을 끝내면 웨이터가 음료 주문을 바로 받을 것입니다.
Would you like anything to drink? (마시고 싶은 게 있으신가요?) 또는 줄여서 Anything to drink?라고 물어볼 것입니다.

정답 | **1.** this one **2.** this one and this one **3.** Let, French fries **4.** Let me have the special of the day

Episode 07 음료 주문하기

❶ Anything to drink?

❷ Can I have a large cola?

❸ Would you like some ice with it?

❹ No. That's okay.

문장별 꿀팁

A: Anything to drink? 원하시는 음료 있으세요?

TIP "Would you like anything to drink?"를 줄인 표현입니다.

B: Can I have a large cola? 콜라 큰 사이즈로 주시겠어요?

TIP 음료를 따로 주문하지 않고 물만 달라고 할 땐 "I'll just have some water."라고 하세요.

A: Would you like some ice with it? 얼음도 같이 드릴까요?

TIP 얼음을 컵에 따로 달라고 할 때는 "I'd like some ice in a cup."이라고 하세요.

B: No. That's okay. 아뇨. 괜찮아요.

TIP "No. That's okay." 대신 "No, thank you.(아뇨, 사양할게요.)"도 좋은 표현입니다.

핵심표현

Can I have a/an (명사)? (명사)를 주실 수 있을까요?

→ 특히 탄산음료의 경우 사이즈와 함께 말하면 추가 문장 없이 한 번에 해결되기 때문에 편합니다.

예 Can I have a medium cola? 콜라 중간 사이즈로 주시겠어요?

예 Can I have a cup of coffee? 커피 한 잔 주시겠어요?

골라 쓰기 좋은 단어들

small 작은 사이즈의 **medium** 중간 사이즈의 **large** 큰 사이즈의
orange juice 오렌지 주스 **a bottle of water** 물 한 병

핵심표현 응용해보기

1. 콜라 작은 사이즈로 주실 수 있을까요?

→ Can I have a ______________________________?

2. 펩시 큰 사이즈로 주실 수 있을까요?

→ Can I have a ______________________________?

3. 오렌지 주스 주실 수 있을까요?

→ Can I ______________ an ______________?

4. 물 한 병 주실 수 있을까요?

→ ______________________________________?

cola 자체는 상표가 아닙니다. 하지만 콜라를 주문할 때는 Pepsi(펩시)와 Coke(코카콜라) 중에 아예 선택해서 말하는 게 좋습니다. 그렇지 않으면 웨이터가 다시 물어보게 될 것입니다.

정답 | **1.** small cola **2.** large Pepsi **3.** have, orange juice
4. Can I have a bottle of water

Episode 08 특정 재료 넣지 말아 달라고 말하기

문장별 꿀팁

A: Can you hold the carrots from my sandwich?

제 샌드위치에 당근 넣지 않을 수 있나요?

TIP 여기서 hold는 직역하면 '쥐고 있다, 보류하다'라는 뜻입니다.

B: No sweat. 그럼요.

TIP 이것은 "That's no problem."처럼 어려운 일이 아니라는 의미의 표현입니다.

A: I'm allergic to carrots. 당근에 알레르기가 있거든요.

TIP 뭔가에 알레르기가 있다고 할 땐 "I'm allergic to (명사)."라는 패턴을 사용하세요.

B: I'll tell the chef. 주방장에게 전달할게요.

TIP '주방장'은 chef, '요리사'는 cook입니다.

핵심표현

Can you hold the (명사) from my (요리)? 제 (요리)에 (명사)를 넣지 않을 수 있나요?

→ (명사)의 자리에 원하지 않는 재료의 이름을 넣으세요.

예 Can you hold the nuts from my soup? 제 수프에 견과류를 넣지 않을 수 있나요?

예 Can you hold the carrots from my salad?

제 샐러드에 당근을 넣지 않을 수 있나요?

골라 쓰기 좋은 단어들

cilantro 고수 **cucumber** 오이 **pickles** 피클

chili 고추 **garlic** 마늘 **nuts** 견과류

핵심표현 응용해보기

1. 제 수프에 고수를 넣지 않을 수 있나요?

→ Can you hold the ________________ from my ________________?

2. 제 햄버거에 피클을 넣지 않을 수 있나요?

→ Can you ______________________________ from my hamburger?

3. 제 샐러드에 토마토를 넣지 않을 수 있나요?

→ Can you ______________ the tomatoes from my ______________?

4. 제 샌드위치에 견과류를 넣지 않을 수 있나요?

→ ____?

이런 말을 했는데도 원하지 않는 재료가 음식에 그대로 추가되어 나왔다면 I ordered mine without (재료). (저 (재료) 없이 주문했는데요.)라고 말하세요. 그냥 드시지 마세요.

정답 | **1.** cilantro, soup **2.** hold the pickles **3.** hold, salad **4.** Can you hold the nuts from my sandwich

원하는 익힘 정도를 말하기

문장별 꿀팁

A: How would you like your steak cooked? 스테이크 어떻게 해 드릴까요?

TIP 고기의 익힘 정도를 물어보는 질문입니다. 스테이크 외에 생선이나 달걀 등에도 적용됩니다.

B: I want mine well-done. 제 것은 완전히 익혀 주세요.

TIP mine의 자리에 주문한 음식의 이름을 넣어도 좋습니다. 예 mine 대신 my steak

A: How about your eggs? 달걀은 어떻게 해 드릴까요?

TIP How about으로 문장을 시작하면 뭔가의 상태를 물어보는 질문이 됩니다.

B: Sunny-side up, please. 한쪽만 익혀 주세요.

TIP 스테이크와 마찬가지로 "I want mine sunny-side up." 같은 완전한 문장으로 대답해도 좋습니다.

핵심표현

I want mine (형용사). **제 것은 (형용사)하게 익혀 주세요.**

→ 스테이크의 경우 익힘 정도는 rare(약하게 익힌)부터 well-done(완전히 익힌)까지 있습니다.

예 I want mine medium. 제 것은 중간 정도로 익혀 주세요.

예 I want mine bloody. 제 것은 거의 안 익혀 주세요.

골라 쓰기 좋은 단어들

bloody 거의 안 익힌

medium-rare 중간보다 덜 익힌

medium well-done 중간보다 더 익힌

rare 약하게 익힌

medium 중간 정도로 익힌

well-done 완전히 익힌

식당

핵심표현 응용해보기

1. 제 것은 약하게 익혀 주세요.

→ I want mine ______________________.

2. 제 것은 중간보다 더 익혀 주세요.

→ I want ______________________.

3. 제 것(달걀)은 한쪽만 익혀 주세요.

→ I ______________ mine ______________.

4. 제 것은 중간보다 덜 익혀 주세요.

→ ______________________.

달걀의 경우, 한쪽만 익힌 것은 sunny-side up, 두 쪽 모두 익히지만 노른자는 살아있을 정도로 두는 것은 over easy, 노른자와 흰자를 섞어 익힌 것은 scrambled입니다.

정답 | **1.** rare **2.** mine medium well-done **3.** want, sunny-side up **4.** I want mine medium-rare

Episode 10

음식 안 나온다고 불평하기

문장별 꿀팁

A: Where is my food? 제 음식은 어디 있나요?

TIP food의 자리에 주문한 음식의 이름을 넣어도 됩니다. 예 steak, pasta, soup

A: I ordered it 30 minutes ago. 제가 30분 전에 주문했는데요.

TIP ago는 현재 기준으로 얼마 '전에'라는 의미입니다.

B: I'm terribly sorry. 정말 죄송합니다.

TIP 이렇게 terribly를 넣으면 "I'm sorry."보다 훨씬 더 미안함을 강조해 줍니다.

B: I'll go and check. 가서 확인해 보겠습니다

TIP 이렇게 go and 뒤에 동사를 넣으면 '가서 ~하다'라는 패턴이 됩니다.

핵심표현

I ordered it (시간) **ago.** (시간) 전에 주문했는데요.

→ (시간)의 자리에 minutes, hours 등과 함께 기다린 시간을 넣으세요.

예 I ordered it 20 minutes ago. 20분 전에 주문했는데요.

예 I ordered my food 30 minutes ago. 제 음식 30분 전에 주문했는데요.

골라 쓰기 좋은 단어들

30 minutes 30분 **an hour** 한 시간 **a long time** 한참
a while 한참 **1 minute** 1분

핵심표현 응용해보기

1. 40분 전에 주문했는데요.

→ I ordered it ______________________ ago.

2. 한 시간 전에 주문했는데요.

→ I ordered it ______________________.

3. 한참 전에 주문했는데요.

→ I ______________ it ______________.

4. 제 음식 한참 전에 주문했는데요.

→ ______________________________.

음식이 상식 수준 이상으로 너무 오래 걸린다면 과감히 I would like to cancel my order. (제 주문 취소하고 싶습니다.)라고 하세요.

정답 | **1.** 40 minutes **2.** an hour ago **3.** ordered, a long time[a while] ago
4. I ordered my food a long time[a while] ago.

식당

11 음식에 뭔가 들어갔다고 말하기

문장별 꿀팁

A: There's something in my pasta. 제 파스타에 뭔가 들어갔어요.

TIP There's로 문장을 시작하면 뭔가 '있음'을 표현하는 문장이 됩니다.

B: I'm so sorry. I'll make you another one.

정말 죄송합니다. 새로 만들어 드릴게요.

TIP make(만들어 주다) 대신 get(가져다주다)을 들을 수도 있습니다.

A: That's OK. I'll just eat it. 괜찮아요. 그냥 먹을게요.

TIP "That's OK."와 같은 표현으로는 "That's fine."이 있습니다.

B: Your meal is on us. 식사 비용은 저희가 부담하겠습니다.

TIP on us 대신 on the house를 써도 식당에서 부담하겠다는 말이 됩니다. *서비스란 의미

핵심표현

There's something in (명사). (명사)에 뭔가 들어갔어요.

→ (명사)의 자리에 음식을 넣으세요. 함께 온 사람의 음식을 써도 좋습니다.

예 There's something in my soup. 제 수프에 뭔가 들어갔어요.

예 There's something in her soup. 그녀의 수프에 뭔가 들어갔어요.

골라 쓰기 좋은 단어들

my food 제 음식
her food 그녀의 음식
my girl's food 제 딸의 음식
my hamburger 제 햄버거
his food 그의 음식
my boy's food 제 아들의 음식

식당

핵심표현 응용해보기

1. 제 음식에 뭔가 들어갔어요.

→ There's something in ______________________.

2. 제 햄버거에 뭔가 들어갔어요.

→ There's ______________ in ______________.

3. 그녀의 음식에 뭔가 들어갔어요.

→ ______________ something in ______________.

4. 제 아들의 음식에 뭔가 들어갔어요.

→ ______________________________________.

보통 음식에서 발견되는 것은 머리카락이 많죠? 그럴 땐 There's a hair in my food.라고 정확히 말해 주는 것도 좋습니다.

정답 | **1.** my food **2.** something, my hamburger **3.** There's, her food **4.** There's something in my boy's food

Episode 12 식사 중에 더 필요한 것 말하기

문장별 꿀팁

A: Can I have more water? 물을 더 주실 수 있나요?

TIP have 대신 get을 써도 의미는 같습니다.

B: No problem. Anything else? 그럼요. 더 필요하신 거 없으세요?

TIP "No problem." 대신 단순히 "Sure."를 들을 수도 있습니다.

A: I need more napkins, too. 냅킨도 더 필요해요.

TIP napkin을 tissue(화장용 휴지)와 toilet paper(화장실 휴지)로 헷갈리지 마세요.

B: OK. I'll be right back. 네. 금방 돌아오겠습니다.

TIP right은 '바로'라는 뜻을 강조하는 단어입니다.

핵심표현

I need more (명사). (명사)가 더 필요해요.

→ (명사)의 자리에는 복수명사 또는 셀 수 없는 명사를 쓰세요.

예 I need more water. 물이 더 필요해요.

예 I need more bowls. 그릇이 더 필요해요.

골라 쓰기 좋은 단어들

forks 포크	**chopsticks** 젓가락	**spoons** 숟가락
plates 접시	**water** 물	**wine** 와인

식당

핵심표현 응용해보기

1. 포크가 더 필요해요.

→ I need more ______________________.

2. 숟가락이 더 필요해요.

→ I need ______________________.

3. 접시가 더 필요해요.

→ I ______________ more ______________.

4. 와인이 더 필요해요.

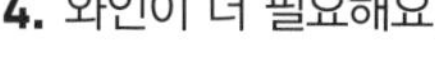

→ ______________________.

마유 SAYS

식사 중에 귀찮을 정도로 여러 번 웨이터가 와서 식사가 어떤지 Is everything okay? (다 괜찮나요?)하며 물어볼 것입니다. 그럴 땐 Everything is perfect. (다 좋아요.) 정도로 대답해 주세요.

정답 | **1.** forks **2.** more spoons **3.** need, plates **4.** I need more wine

음식을 옷에 흘렸다고 말하기

❶Can I have wet wipes?

❷Of course. What happened?

❸My boy dropped the ketchup on my dress.

❹Oh, no. I'll be back with wet wipes and water.

문장별 꿀팁

A: Can I have wet wipes? 물티슈 주실 수 있나요?

TIP 참고로 키친타월은 paper towel이라고 합니다.

B: Of course. What happened? 그럼요. 무슨 일이세요?

TIP "What's going on?(무슨 일이죠?)"도 비슷한 표현입니다.

A: My boy dropped the ketchup on my dress.
제 아들이 제 원피스에 케첩을 흘렸어요.

TIP son보다 boy가 더 친근한 느낌의 단어입니다. daughter는 girl로 쓸 수 있습니다.

B: Oh, no. I'll be back with wet wipes and water.
오, 이런. 물티슈와 물을 가지고 올게요.

TIP with는 '~를 가지고, ~를 가진' 정도로 해석합니다.

핵심표현

My boy dropped the (명사) **on my dress.**

제 아들이 제 원피스에 (명사)를 흘렸어요.

→ My boy(흘린 사람)과 my dress(더럽혀진 옷)도 다른 단어로 마음껏 응용하세요.

예 My boy dropped the mayonnaise on my dress.

제 아들이 제 원피스에 마요네즈를 흘렸어요.

예 I dropped the ketchup on my dress. 제가 제 원피스에 케첩을 흘렸어요.

골라 쓰기 좋은 단어들

sauce 소스 **milk** 우유 **drink** 음료 **my child** 제 아이
my girl 제 딸 **my clothes** 제 옷 **his clothes** 그의 옷

핵심표현 응용해보기

1. 제 아들이 제 원피스에 소스를 흘렸어요.

→ My son dropped the ______________ on my dress.

2. 제가 제 옷에 케첩을 흘렸어요.

→ ______________ dropped the ketchup on ______________.

3. 제 아이가 그의 옷에 우유를 흘렸어요.

→ ______________ dropped the ______________ on ______________.

4. 제 딸이 그녀의 옷에 마요네즈를 흘렸어요.

→ ______________________________.

물이나 우유 같은 완전한 액체라면 drop(떨어뜨리다) 대신 spill(흘리다/쏟다)을 써도 좋습니다. spill을 쓴다면 과거형 spilled 또는 spilt를 쓰세요.

정답 | **1.** sauce **2.** I, my clothes **3.** My child, milk, his clothes
4. My girl dropped mayonnaise on her clothes

Episode 14 커피 주문하기

문장별 꿀팁

A: I'll have an iced green tea. 아이스 녹차 주문할게요.

TIP 이렇게 아이스 음료는 ice가 아니라 iced를 쓰는 게 맞습니다.

B: What's your name, ma'am? 성함이 어떻게 되시죠, 부인?

TIP 비교적 젊은 나이의 여성이라면 ma'am 대신 miss를 들을 수도 있습니다.

A: My name is Angela Lee. 제 이름은 Angela Lee입니다.

TIP 이런 경우에는 "I am Angela Lee."라고 쓰지 않습니다.

B: I'll call your name when your drink is ready.

음료가 준비되면 성함을 불러 드릴게요.

TIP call은 '전화하다'도 되지만 '소리 내어 부르다'라는 뜻도 됩니다.

핵심표현

I'll have a/an (음료). (음료)를 주문할게요.

→ 아이스 음료라면 iced를, 뜨거운 음료라면 hot을 음료 앞에 추가하세요.

예 I'll get an iced tea. 아이스티 주문할게요.

예 I'll get a hot Americano. 뜨거운 아메리카노 주문할게요.

골라 쓰기 좋은 단어들

green tea 녹차	**black tea** 홍차	**iced** 아이스로 된
hot 뜨거운	**café latte** 카페 라테	**milk** 우유

핵심표현 응용해보기

1. 뜨거운 녹차를 주문할게요.

→ I'll have a ______________________.

2. 아이스 홍차를 주문할게요.

→ I'll have ______________________.

3. 아이스 카페 라테 주문할게요.

→ I'll ______________________.

4. 뜨거운 우유 주문할게요.

→ ______________________.

한국에는 호출기로 음료가 준비된 것을 알리는 경우가 대부분이지만 여전히 미국에서는 이름을 부르는 곳이 많습니다. 주문할 때 영어 이름을 말해 보는 건 어떨까요?

정답 | **1.** hot green tea **2.** an iced black tea **3.** have an iced café latte **4.** I'll have a hot milk

Episode

15 디저트 주문하기

문장별 꿀팁

A: I'll have a large ice cream. 아이스크림 큰 사이즈로 주세요.

TIP 원하는 맛까지 한 번에 말하고 싶다면 사이즈 바로 뒤에 넣으세요.

예 a large strawberry ice cream

B: Which flavor would you like? 어떤 맛으로 드릴까요?

TIP Which로 문장을 시작하면 몇 개의 한정된 옵션을 주고 물어보는 질문이 됩니다.

A: I would like the caramel flavor. 캐러멜 맛 주세요.

TIP 아이스크림, 팝콘 등 상품화된 음식의 맛은 보통 taste보다 flavor란 단어를 사용합니다.

B: OK. That would be $3.50. 네. 3달러 50센트 되겠습니다.

TIP 가격을 말할 때 It's로 시작하기도 하지만 That would be로도 자주 시작합니다.

핵심표현

I would like the (맛) flavor. 캐러멜 맛 주세요.

→ 아이스크림 외에 다양한 디저트의 맛도 표현할 있습니다. 예) 팝콘, 요거트, 케이크 등

예 I would like the strawberry flavor. 딸기 맛 주세요.

예 I would like the chocolate flavor. 초콜릿 맛 주세요.

골라 쓰기 좋은 단어들

vanilla 바닐라	**mint** 민트
banana 바나나	**mint-chocolate** 민트 초콜릿
cookies-and-cream 쿠키와 크림	**milk** 우유

식당

핵심표현 응용해보기

1. 바닐라 맛 주세요.

→ I would like the ______________________ flavor.

2. 민트 맛 주세요.

→ I would like the ______________________.

3. 쿠키와 크림 맛 주세요.

→ I ______________ like the ______________.

4. 우유 맛 주세요.

→ ______________________.

아이스크림은 가게마다 주문 사이즈가 다를 수 있는데 scoop(큰 스푼의 양) 또한 자주 씁니다. 그럴 땐, I'll have one scoop. / I'll have two scoops. 등으로 말해 주면 좋겠죠?

정답 | **1.** vanilla **2.** mint flavor **3.** would, cookies-and-cream flavor **4.** I would like the milk flavor

Episode

16 음료 리필해 달라고 하기

문장별 꿀팁

A: Could you refill my coffee? 제 커피 좀 리필해 주실 수 있을까요?

TIP refill은 re(다시)와 fill(채우다)이 합쳐진 동사입니다.

B: Sure. Was it a café latte? 그럼요. 카페 라테였나요?

TIP latte는 '라테이'에 가깝게 발음합니다.

A: No, it's an Americano. 아뇨, 아메리카노예요.

TIP 하나의 제품으로서 커피를 말할 때는 이렇게 관사 a/an과 함께 써도 좋습니다.

B: OK, I'll get you some more. 네, 좀 더 가져다 드릴게요.

TIP more 앞에 이렇게 some을 추가하면 '더'에서 '좀 더'라는 의미가 됩니다.

핵심표현

Could you refill (명사)? (명사)를 좀 리필해 주실 수 있을까요?

→ (명사)의 자리에 리필을 원하는 음료의 종류를 넣으세요.

예 Could you refill my juice? 제 주스 좀 리필해 주실 수 있을까요?

예 Could you refill my latte? 제 라테 좀 리필해 주실 수 있을까요?

골라 쓰기 좋은 단어들

this 이것	**my drink** 제 음료	**my milk** 제 우유
the water 물	**my soda** 제 탄산음료	**my soup** 제 수프

핵심표현 응용해보기

1. 이것 좀 리필해 주실 수 있을까요?

→ Could you refill ______________________________?

2. 제 음료 좀 리필해 주실 수 있을까요?

→ Could you ______________________________?

3. 물 좀 리필해 주실 수 있을까요?

→ Could you ______________________________?

4. 제 탄산음료 좀 리필해 주실 수 있을까요?

→ ______________________________?

마유 SAYS

음료를 따로 말하지 않고 단순히 "리필 좀 받을 수 있을까요?"라고 할 땐 Can I get a refill?이라고 하면 됩니다.

정답 | **1.** this **2.** refill my drink **3.** refill the water **4.** Could you refill my soda

Episode 17 남은 음식 포장해 가기

문장별 꿀팁

A: Can I take these leftovers to go? 이 남은 음식들 가져갈 수 있을까요?

TIP 먹다 남은 음식 외에 쓰다 남은 물건도 leftover라고 부릅니다. *보통 복수로 사용

B: OK. Do you need a box? 그럼요. 상자 필요하세요?

TIP 이렇게 Do you need 뒤에 명사를 추가하면 뭔가를 필요로 하는지 묻는 질문이 됩니다.

A: Yes. Can I have a plastic bag, too? 네. 비닐봉지도 주실 수 있나요?

TIP 비닐봉지는 vinyl bag이 아니라 plastic bag입니다. 종이봉투는 paper bag입니다.

B: That's not a problem. 물론이죠.

TIP "That's no problem."과 같은 표현입니다.

핵심표현

Can I take this/these (명사) to go? 이 (명사)를 가져갈 수 있을까요?

→ (명사)가 단수라면 this와 함께, 복수라면 these와 함께 쓰세요.

예 Can I take this pasta to go? 이 파스타 가져갈 수 있을까요?

예 Can I take these French fries to go? 이 감자튀김 가져갈 수 있을까요?

골라 쓰기 좋은 단어들

leftovers 남은 음식들	**food** 음식	**this** 이것
fried rice 볶음밥	**salad** 샐러드	**soup** 수프

식당

핵심표현 응용해보기

1. 이 수프 가져갈 수 있을까요?

→ Can I take this ______________________ to go?

2. 이 샐러드 가져갈 수 있을까요?

→ Can I take this ______________________?

3. 이 볶음밥 가져갈 수 있을까요?

→ Can I ______________________ to go?

4. 이것 가져갈 수 있을까요?

→ ______________________?

피자 가게나 샌드위치 가게 같이 캐주얼한 식당에 들어가면 For here or to go?라고 먼저 물어볼 것입니다. 먹고 갈 건지 포장해 갈 건지를 물어보는 것인데, 먹고 갈 것이라면 For here., 포장해 갈 것이라면 To go.라고 하면 됩니다.

정답 | **1.** soup **2.** salad to go **3.** take this fried rice **4.** Can I take this to go

Chapter 06

대중교통 및 여행지

01 택시에서 목적지 말하기

02 택시에서 특정 위치에 내려 달라고 말하기

03 버스 탈 때 목적지에 가는지 물어보기

04 버스에서 내리기 전에 확인하기

05 지하철 방향 물어보기

06 렌터카 손상 미리 확인하기

07 놀이공원에서 입장 인원 말하기

08 영화 또는 공연 표 사기

09 놀이공원에서 퍼레이드 시간 물어보기

10 놀이공원에서 놀이기구 줄 물어보기

01 택시에서 목적지 말하기

[1]Where to, ma'am?

[2]I need to go to this address.

[3]It's a big white building.

[4]OK. Please put on your seatbelt.

문장별 꿀팁

A: Where to, ma'am? 어디로 모실까요, 부인?

TIP "Where to?"는 "Where would you like to go?(어디로 가고 싶으신가요?)"를 줄인 표현입니다.

B: I need to go to this address. 이 주소로 가야 해요.

TIP address는 '어드뤠쓰'가 아닌 '애드뤠쓰'에 가깝게 들릴 것입니다.

B: It's a big white building. 크고 하얀 건물이에요.

TIP 주소 외에 목적지의 특징을 말하는 게 좋습니다. 예 hospital, post office, bus terminal 등

A: OK. Please put on your seatbelt. 알겠습니다. 좌석벨트를 매 주세요.

TIP seatbelt(좌석벨트) 대신 safety belt(안전벨트)를 들을 수도 있습니다.

핵심표현

I need to go to (명사). (명사)로 가야 해요.

→ 목적지를 주소로 말할 경우 건물 번호와 도로명 순으로 말해 주세요. 예 123 Main Street

예 I need to go to 123 Mayu Street. Mayu Street 123번지로 가야 해요.

예 I need to go to Mayu Hospital. Mayu 병원으로 가야 해요.

골라 쓰기 좋은 단어들

Hello Hospital Hello 병원
the EBS Hotel EBS 호텔
this address 이 주소
Incheon Airport 인천 공항
123 EBS Road EBS로 123번지

핵심표현 응용해보기

1. JFK 공항으로 가야 해요.

→ I need to go to ______________________.

2 Mayu 호텔로 가야 해요.

→ I ______________ to go to ______________.

3. 100 EBS Lane으로 가야 해요.

→ I __________ to __________ to 100 __________.

4. Peter 병원으로 가야 해요.

버스와는 달리 택시는 약간의 팁을 주는 것을 추천합니다. 팁을 얼마 줄지 애매하다면 잔돈을 받지 말고 Keep the change. (거스름돈은 됐어요.)를 써 보세요.

정답 | **1.** JFK Airport **2.** need, Mayu Hotel **3.** need, go, EBS Lane **4.** I need to go to Peter Hospital

대중 교통 및 여행지

Episode

02 택시에서 특정 위치에 내려 달라고 말하기

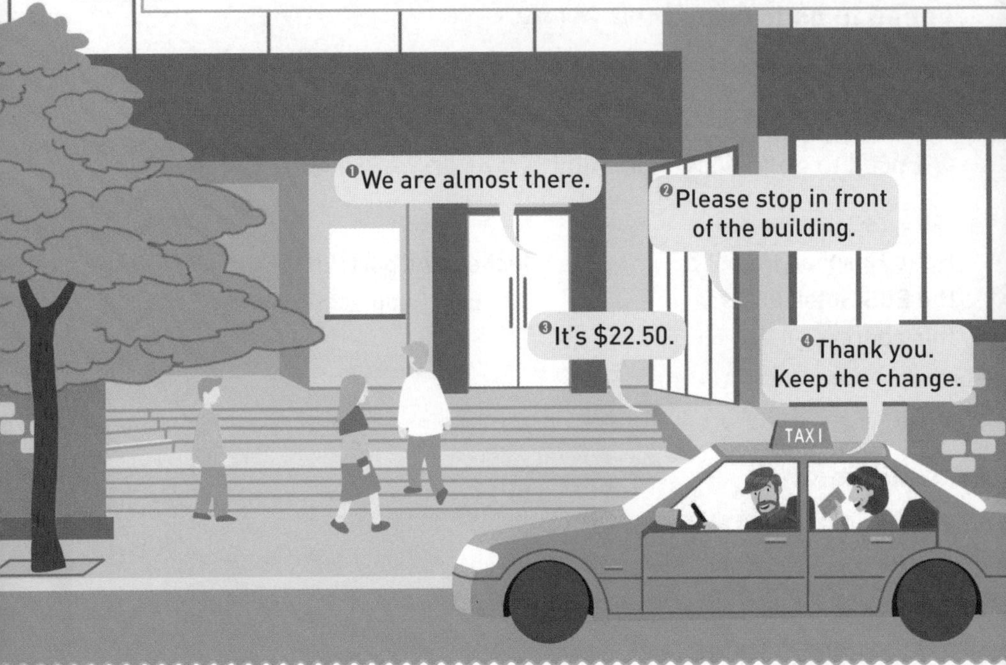

문장별 꿀팁

A: We are almost there. 거의 다 왔습니다.

TIP 도착지에 가까워졌을 때 어디에서 내리길 원하는지 미리 준비해 두면 좋습니다.

B: Please stop in front of the building. 건물 앞에 세워 주세요.

TIP stop 대신 drop me off(저를 내려주세요)를 써도 좋습니다.

A: It's $22.50. 22달러 50센트입니다.

TIP dollars와 cents라는 말없이 22(twenty two) 50(fifty)처럼 나누어 숫자만 불러 주기도 합니다.

B: Thank you. Keep the change. 고맙습니다. 거스름돈은 됐어요.

TIP change는 '잔돈, 거스름돈'이라는 뜻이며, 이렇게 거스름돈으로 팁을 줘도 좋습니다.

핵심표현

Please stop in front of (명사). (명사) 앞에 세워 주세요.

→ in front of(앞에) 외에 behind(뒤에) / near(근처에) 등으로도 응용하세요.

예 Please stop in front of the hospital. 병원 앞에 세워 주세요.

예 Please stop behind the building. 건물 뒤에 세워 주세요.

골라 쓰기 좋은 단어들

the terminal 터미널	**the hotel** 호텔	**the parking lot** 주차장
the gate 정문	**the gas station** 주유소	

핵심표현 응용해보기

1. 터미널 앞에 세워 주세요.

→ Please stop in front of ______________________.

2. 호텔 앞에 세워 주세요.

→ Please stop ______________________ the hotel.

3. 주차장 뒤에 세워 주세요.

→ Please stop ______________________ the parking lot.

4. 주유소 근처에 세워 주세요.

→ ______________________.

콜택시를 불렀을 때 특정 위치 앞에서 픽업해 달라고 하려면 Please pick me up in front of (명사).라고 말하면 됩니다.

정답 | **1.** the terminal **2.** in front of **3.** behind **4.** Please stop near the gas station

대중 교통 및 여행지

버스 탈 때 목적지에 가는지 물어보기

❶Are you going to New York City?

❷You have to take the next one.

❸Is it coming soon?

❹Yes, it's coming in 5 minutes.

문장별 꿀팁

A: Are you going to New York City? 뉴욕시에 가나요?

TIP Are you 대신 Is this bus를 써도 좋습니다.

B: You have to take the next one. 다음 것을 타셔야 합니다.

TIP 대중교통을 이용한다고 할 땐 take라는 동사를 쓰세요.

A: Is it coming soon? 금방 오나요?

TIP 언제 오는지 정확히 물어보려면 "When is it coming?"이라고 물어보세요.

B: Yes, it's coming in 5 minutes. 네, 5분 있다가 옵니다.

TIP in 5 minutes는 '5분 안에'가 아니라 '5분 있다가'이므로 5분은 채우고 온다는 말입니다.

핵심표현

Are you going to (명사)**?** (명사)에 가나요?

→ (명사)의 자리에 최대한 자세히 도시명이나 목적지 이름을 넣으세요.

예 Are you going to Downtown Los Angeles? LA 시내 가나요?

예 Are you going to EBS Hospital? EBS 병원 가나요?

골라 쓰기 좋은 단어들

Seattle 시애틀
Mayu Shopping Mall 마유 쇼핑몰
Narita International Airport 나리타 국제 공항
Downtown LA LA 시내
EBS Bus Terminal EBS 버스 터미널

핵심표현 응용해보기

1. 보스턴 가나요?

→ Are you going to ______________________________?

2. 뉴욕 시내 가나요?

→ Are you ________________ to ________________?

3. LA 공항 가나요?

→ ____________ you going ____________ LA ____________?

4. 마유 쇼핑몰 가나요?

→ ____?

한국과는 달리 미국은 도심 지역이 아닌 이상 경유지가 드문드문하기 때문에 한 번 잘못 타면 낭패를 볼 수 있습니다. 용기 내서 목적지를 꼭 확인하고 타세요.

정답 | **1.** Boston **2.** going, Downtown New York **3.** Are, to, Airport **4.** Are you going to Mayu shopping Mall

버스에서 내리기 전에 확인하기

❶ I'm going to Little Italy.

❷ Should I get off here?

❸ No, you have to get off at the next stop.

❹ I'll let you know when.

문장별 꿀팁

A: I'm going to Little Italy. 저 Little Italy 가는데요.

TIP 정확한 목적지 이름을 모른다면 도로명을 제시하세요.

A: Should I get off here? 여기서 내려야 할까요?

TIP 버스, 비행기, 열차, 배에서 내린다고 할 때는 get out이 아니라 get off라는 동사를 씁니다.

B: No, you have to get off at the next stop.

아니요, 다음 정류장에서 내리셔야 해요.

TIP get off(내리다)의 반대말은 get on(타다)입니다.

B: I'll let you know when. 언제인지 알려 드릴게요.

TIP "I'll let you know."는 뭔가를 알려 주겠다는 말로, 암기해도 무방할 정도로 자주 듣게 됩니다.

핵심표현

I'm going to (명사). 저 (명사)에 가는데요.

→ (명사)의 자리에 최대한 자세히 목적지 이름이나 건물번호를 뺀 도로명을 넣으세요.

예 I'm going to San Diego Zoo. 저 샌디에이고 동물원에 가는데요.

예 I'm going to Main Street. 저 Main Street에 가는데요.

골라 쓰기 좋은 단어들

Willow Road Willow로 (도로명)
San Diego Zoo 샌디에이고 동물원
NY Bus Terminal NY 버스 터미널
Downtown New York 뉴욕 시내
Mayu Mall 마유 몰

핵심표현 응용해보기

1. 저 Central Park 동물원에 가는데요.

→ I'm going to ______________________.

2. 저 샌프란시스코 버스 터미널에 가는데요.

→ I'm ______________ to San Francisco Bus Terminal.

3. 저 시카고 시내에 가는데요.

→ I'm ______________________ Downtown Chicago.

4. 저 Mary Street에 가는데요.

→ ______________________.

이번에 정차할 정류장은 this stop이라고 하고, 그 다음에 정차할 정류장은 next stop이라고 합니다. 다음 정류장(next stop)을 미리 알려 주는 것이기 때문에 헷갈리면 안 됩니다.

정답 | **1.** Central Park Zoo **2.** going **3.** going to **4.** I'm going to Mary Street

대중 교통 및 여행지

05 지하철 방향 물어보기

❶Is this the train for Lower Manhattan?

❷Oh, you're on the wrong train.

❸Oh, no. What should I do?

❹Get off at the next stop.

문장별 꿀팁

A: Is this the train for Lower Manhattan?

이 열차 Lower Manhattan행인가요?

TIP for는 to와는 달리 정확한 목적지를 나타내는 것이 아니라 단순히 방향을 나타냅니다.

B: Oh, you're on the wrong train. 오, 열차 잘못 타셨어요.

TIP 제대로 타고 있다면 wrong(잘못된) 대신 right(맞는)을 듣게 됩니다.

A: Oh, no. What should I do? 오, 이런. 어떻게 해야 하죠?

TIP 난감한 때를 대비해 이 문장을 암기해 두세요. *How가 아닌 What을 쓴다는 게 포인트

B: Get off at the next stop. 다음 역에서 내리세요.

TIP 버스, 비행기, 열차, 배에서 내린다고 할 때는 get out이 아니라 get off를 씁니다.

핵심표현

Is this the train for (명사)? 이 열차 (명사)행인가요?

→ (명사)의 자리에 목적지 이름이나 역의 이름을 넣으세요. 버스에도 적용됩니다.

예 Is this the train for 2nd Street? 이 열차 2nd Street행인가요?

예 Is this the bus for Orlando? 이 버스 Orlando행인가요?

골라 쓰기 좋은 단어들

Penn Station Penn 역 **3rd Street** 3번가 **Downtown LA** LA 시내
Las Vegas 라스베이거스 **Mayu Museum** 마유 박물관

핵심표현 응용해보기

1. 이 열차 Franklin역행인가요?

→ Is this the train for ______________________________?

2. 이 열차 42nd Street행인가요?

→ Is this ____________________ for ____________________?

3. 이 버스 라스베이거스행인가요?

→ Is this ____________________ for ____________________?

4. 이 열차 EBS 박물관행인가요?

→ ____?

나라와 도시마다 다르겠지만 예를 들어 뉴욕시에는 하루 종일 지하철과 버스를 마음껏 환승하며 탈 수 있는 MetroCard라는 것이 있습니다. *7일권, 30일권 등이 있음

정답 | **1.** Franklin Station **2.** train, 42nd Street **3.** bus, Las Vegas **4.** Is this the train for EBS Museum

대중교통 및 여행지

렌터카 손상 미리 확인하기

❶There is a scratch on the hood.

❷OK. I'll mark it down.

❸Do you see anything else?

❹I see a dent on the bumper.

문장별 꿀팁

A: There is a scratch on the hood. 보닛에 스크래치가 있어요.

TIP 스크래치는 표면에 생기는 것이므로 in이 아니라 on과 함께 씁니다.

B: OK. I'll mark it down. 네. 표시해 놓겠습니다.

TIP mark it down(표시해 두다) 대신 write it down(적어 두다)을 쓸 수도 있습니다.

B: Do you see anything else? 다른 거 또 보이는 게 있나요?

TIP look(보다)과는 달리 see는 '보이다'의 느낌으로 익혀 두는 게 좋습니다.

A: I see a dent on the bumper. 범퍼에 찌그러진 게 보여요.

TIP 자동차의 패널의 명칭을 모른다면 here(여기에)를 쓰세요. 예 on the bumper → here

핵심표현

There is a (손상) on the (부위). (부위)에 (손상)이 있어요.

→ 손상이 하나 이상이라면 복수로 쓰세요. 예 a scratch → scratches

예 There is a scratch on the bumper. 범퍼에 스크래치가 있어요.

예 There is a dent here. 여기에 찌그러진 곳이 있어요.

골라 쓰기 좋은 단어들

scratch 스크래치　**dent** 찌그러진 곳　**ding** 문 콕 자국
hood 보닛　**fender** 펜더　**wheel** 휠
front door 앞문　**rear door** 뒷문

핵심표현 응용해보기

1. 앞문에 스크래치가 있어요.

→ There is a ______________ on the ______________.

2. 뒷문에 문 콕 자국이 있어요.

→ There is a ______________ on the ______________.

3. 휠에 스크래치가 있어요.

→ ______________ a scratch on the ______________.

4. 펜더에 찌그러진 곳이 있어요.

→ ______________________________.

렌터카 출고 전에 감독관과 함께 외부 손상을 점검하는 걸 동사로 walk around the car라고 합니다. 영상을 찍는 것도 좋지만 일단은 꼼꼼히 눈으로 확인하세요. 작은 회사일수록 차를 반납할 때 문제 삼는 경우가 많습니다.

정답 | **1.** scratch, front door **2.** ding, rear door **3.** There is, wheel **4.** There is a dent on the fender

놀이공원에서 입장 인원 말하기

TICKETS

❶We have 2 adults and 1 child.

❷How old is your child?

❸He's 4.

❹He can get in for free.

문장별 꿀팁

A: We have 2 adults and 1 child. 성인 두 명하고 아이 한 명이요.

TIP 자기 혼자서만 입장하는 게 아닌 이상 주어를 We로 쓰는 게 좋습니다.

B: How old is your child? 아이가 몇 살이죠?

TIP child가 kid보다 더욱 형식적이고 예의 바른 어감의 단어입니다.

A: He's 4. 네 살이에요.

TIP 나이 뒤에 years old를 넣어도 되지만 이렇게 빼도 괜찮습니다.

B: He can get in for free. 아이는 무료로 들어갈 수 있어요.

TIP for free는 '무료로'라는 뜻의 덩어리 표현입니다.

핵심표현

We have (성인의 수) and (아이의 수). 성인 (성인의 수)명하고 아이 (아이의 수)명이요.

→ 학생 할인이 있을 수도 있으므로 학생이면 student라고 말해 주는 것도 좋습니다.

예 We have 1 adult and 2 children. 성인 한 명하고 아이 두 명이요.

예 We have 2 students. 학생 두 명이요.

골라 쓰기 좋은 단어들

child 아이	**student** 학생	**adult** 성인
children 아이들	**college student** 대학생	

핵심표현 응용해보기

1. 성인 한 명하고 아이 한 명이요.

→ We have ______________ and ______________.

2. 성인 두 명하고 아이 세 명이요.

→ We ______________ 2 adults ______________ 3 children.

3. 성인 세 명하고 아이 두 명이요.

→ We ______________ and ______________.

4. 성인 네 명하고 아이 네 명이요.

→ ______________________________.

학생 할인이 되는지 물어보려면 "Is there a discount for students? (학생 할인이 되나요?) 또는 Do students get a discount? (학생들은 할인을 받나요?)를 쓰세요.

정답 | **1.** 1 adult, 1 child **2.** have, and **3.** have 3 adults, 2 children **4.** We have 4 adults and 4 children

영화 또는 공연 표 사기

❶ I'd like to buy two tickets for *Titanic*.

❷ For what time?

❸ 3:30, please.

❹ OK. It's $15.

문장별 꿀팁

A: I'd like to buy two tickets for *Titanic*. 타이타닉 표 2장 사고 싶은데요.

TIP 뮤지컬 같은 단독 공연의 경우에는 제목을 굳이 말할 필요가 없습니다. *tickets까지만 말하면 됨

B: For what time? 몇 시 것을 원하시죠?

TIP "For what showing?" 또는 "For what show?"라고 해도 됩니다.

A: 3:30, please. 3시 30분 영화요.

TIP 정각에 시작하는 영화라면 시간 뒤에 꼭 o'clock을 넣어 주세요. 예 3 o'clock, please.

B: OK. It's $15. 네. 15달러입니다.

TIP 표가 매진되었다면 "That show is sold out.(그 쇼는 매진되었습니다.)"를 듣게 될 것입니다.

핵심표현

I'd like to buy (티켓 수) **tickets for** (제목)**.**

(제목) 표 (티켓 수)장 사고 싶은데요.

→ 물론 혼자 보러 왔다면 ticket을 단수로 써야 합니다.

예 I'd like to buy two tickets for *Mayu Man*.

Mayu Man 표 2장 사고 싶은데요.

예 I'd like to buy one ticket for *Romeo and Juliet*.

Romeo and Juliet 표 1장 사고 싶은데요.

골라 쓰기 좋은 단어들

2 tickets 표 2장 ***Superman*** 슈퍼맨 (영화) ***Carmen*** 카르멘 (오페라)
The O Show O 쇼 (서커스) ***The Lion King*** 라이온킹 (뮤지컬)

핵심표현 응용해보기

1. *Superman* 표 4장 사고 싶은데요.

→ I'd like to buy ______________________ for *Superman*.

2. *Love Actually* 표 2장 사고 싶은데요.

→ I'd like to buy 2 tickets for ______________________.

3. *Carmen* 표 1장 사고 싶은데요.

→ I'd like to buy ______________ for ______________.

4. *The O Show* 표 3장 사고 싶은데요.

→ ______________________________________.

영화 제목이나 뮤지컬 제목 등은 고유명사이기 때문에 글로 쓸 때는 전치사와 관사 외 모든 단어의 첫 철자는 대문자로 쓰는 게 좋습니다.

정답 | **1.** 4 tickets **2.** *Love Actually* **3.** 1 ticket, *Carmen* **4.** I'd like to buy 3 tickets for *The O Show*

대중교통 및 여행지

놀이공원에서 퍼레이드 시간 물어보기

[1] What time does the parade begin?

[2] The next parade begins at 5:00.

[3] That's in 30 minutes.

[4] I should go and buy some popcorn.

문장별 꿀팁

A: What time does the parade begin? 퍼레이드가 몇 시에 시작하나요?

TIP begin 대신 start를 써도 좋습니다.

B: The next parade begins at 5:00. 다음 퍼레이드는 5시에 시작합니다.

TIP parade는 ra에 강세를 주어 발음해 주는 게 좋습니다.

B: That's in 30 minutes. 30분 정도 있다가 시작이네요.

TIP in은 '~안에'가 아니라 '~있다가'라는 말입니다.

A: I should go and buy some popcorn. 가서 팝콘 좀 사야겠네요.

TIP 가서 뭔가를 한다고 할 때 회화체에서는 and를 자주 생략합니다.

예 go buy some popcorn

핵심표현

What time do(es) the (명사) begin? (명사)가 몇 시에 시작하나요?

→ (명사)의 자리에 퍼레이드 외에 다양한 쇼의 종류나 제목을 넣어도 됩니다.

예 What time does the show begin? 쇼가 몇 시에 시작하나요?

예 What time does the game begin? 경기가 몇 시에 시작하나요?

골라 쓰기 좋은 단어들

concert 콘서트	**animal show** 동물 쇼	**dolphin show** 돌고래 쇼
movie 영화	**performance** 공연	**fireworks** 불꽃놀이

핵심표현 응용해보기

1. 콘서트가 몇 시에 시작하나요?

→ What time does the ______________________ begin?

2. 불꽃놀이가 몇 시에 시작하나요?

→ What time do the ______________________?

3. 영화가 몇 시에 시작하나요?

→ ______________ does the movie ______________?

4. 돌고래 쇼가 몇 시에 시작하나요?

→ ______________________________________?

퍼레이드 등이 몇 시에 끝나는지 물어보려면 begin 대신 end를 쓰면 간단히 해결됩니다.
What time does the parade end? (퍼레이드가 몇 시에 끝나나요?)

정답 | **1.** concert **2.** fireworks begin **3.** What time, begin **4.** What time does the dolphin show begin

Episode

10 놀이공원에서 놀이기구 줄 물어보기

문장별 꿀팁

A: Is this the line for the Mayu Ride? 이거 Mayu Ride 줄인가요?

TIP ride는 '타다'라는 동사도 되지만 '탈 것' 즉 '놀이기구'라는 명사도 됩니다.

B: That's right. 맞아요.

TIP 비슷한 표현으로는 "That's correct."가 있습니다.

A: Oh, my God... How long is the wait?

오, 맙소사. 대기 시간이 얼마나 되나요?

TIP '맙소사'하며 놀라움을 표현할 때 "Oh, my goodness!" / "Jeez!" 등도 있습니다.

B: There's a 30-minute wait. 30분 대기가 있어요.

TIP 대기 시간은 이렇게 시간 단위(minute, hour)를 단수로 듣게 될 것입니다.

핵심표현

Is this the line for the (명사)? 이거 (명사) 줄인가요?

→ (명사)의 자리에 놀이기구의 형태나 실제 놀이기구의 이름을 써도 됩니다.

예 Is this the line for the Batman Ride? 이거 Batman Ride 줄인가요?

예 Is this the line for the roller coaster? 이거 롤러코스터 줄인가요?

골라 쓰기 좋은 단어들

free fall 자유 낙하 **pendulum ride** 바이킹 **WCB Ride** WCB 라이드
bumper cars 범퍼카 **merry-go-round** 회전목마

핵심표현 응용해보기

1. 이거 회전목마 줄인가요?

→ Is this the line for the ______________________?

2. 이거 Superman Ride 줄인가요?

→ Is this the ______________ for the ______________?

3. 이거 범퍼카 줄인가요?

→ Is this the line ______________________?

4. 이거 바이킹 줄인가요?

→ ______________________________?

각 놀이공원마다 Front of The Line Pass라는 것이 있는데, 추가 비용을 지불하면 줄을 서지 않고 바로 탈 수 있는 VIP Pass입니다. 개인적으로 더운 여름철에는 강력히 추천하고 싶습니다.

정답 | **1.** merry-go-round **2.** line, Superman Ride **3.** for the bumper cars
4. Is this the line for the pendulum ride

대중교통 및 여행지

Chapter 07

기본 에티켓 및 가벼운 대화

●●●

01 함께 사진 찍자고 하기

02 사진 찍어 달라고 부탁하기

03 원하는 배경으로 찍어 달라고 하기

04 배려에 대한 고마움 표현하기

05 도움에 대한 고마움 표현하기

06 특정 행동 부탁하기

07 잘못에 대해 사과하기

08 고의가 아니었음을 표현하기

09 길 물어보기

10 허락 구하기

11 여행 목적 말하기

12 몇 번째 여행인지 말하기

01 함께 사진 찍자고 하기

❶I'm a big fan of yours!

❷Oh, that's so sweet!

❸Can I take a photo with you?

❹Sure. Which camera?

문장별 꿀팁

A: I'm a big fan of yours! 엄청 팬이에요!

TIP big 대신 huge(엄청 큰)라는 단어를 쓰면 더 열렬한 팬임을 강조합니다.

B: Oh, that's so sweet! 오, 스윗하시네요! (정말 고마워요!)

TIP sweet하다는 것은 다정함, 로맨틱함, 배려함 등을 전부 섞어 놓은 형용사입니다.

A: Can I take a photo with you? 당신과 사진 찍어도 될까요?

TIP photo 대신 picture를 써도 의미는 같습니다.

B: Sure. Which camera? 그럼요. 어느 카메라를 볼까요?

TIP camera는 강세를 ca에 주고 '캐머뤄'에 가깝게 발음합니다.

핵심표현

Can I take a photo with (명사)**?** (명사)와 사진 찍어도 될까요?

→ 여기서 (명사) 자리에 대명사를 쓸 경우 목적격의 형태로 씁니다. 예 her, him, them

예 Can I take a photo with her? 그녀와 사진 찍어도 될까요?

예 Can I take a photo with your cat? 당신의 고양이와 사진 찍어도 될까요?

골라 쓰기 좋은 단어들

your dog 당신의 개	**your car** 당신의 자동차	**him** 그
your baby 당신의 아기	**your friends** 당신의 친구들	**them** 그들

핵심표현 응용해보기

1. 당신의 개와 사진 찍어도 될까요?

→ Can I take a photo with ______________________?

2. 당신의 자동차와 사진 찍어도 될까요?

→ Can I take a ______________ with ______________?

3. 그들과 사진 찍어도 될까요?

→ Can I ______________ a ______________ with ______________?

4. 당신의 아기와 사진 찍어도 될까요?

→ ______________________________________?

유명인을 만나서 사인을 받고 싶다면 Can I get your autograph?라고 하세요.
유명인의 사인은 signature가 아니라 autograph를 써야 합니다.

정답 | **1.** your dog **2.** photo, your car **3.** take, photo, them **4.** Can I take a photo with your baby

에티켓 및 대화

Episode 02 사진 찍어 달라고 부탁하기

문장별 꿀팁

A: Could you take a picture of us? 저희 사진 찍어 주시겠어요?

TIP 누구'와' 사진을 찍는 게 아니라 누구'를' 찍어 달라고 할 때는 with 대신 이렇게 of를 씁니다.

B: Sure. Smile! 물론이죠, 미소 지으세요!

TIP smile(미소 짓다)은 laugh(소리 내어 웃다)와 엄연히 다른 동사입니다.

A: Could you take one more, please? 한 장 더 찍어 주실 수 있을까요?

TIP 여기서 one more는 one more picture를 나타냅니다.

B: No problem. 물론이죠.

TIP 비슷한 표현으로는 "No sweat."이 있습니다.

핵심표현

Could you take a picture of (명사)? (명사)의 사진을 찍어 주시겠어요?

→ 여기서 (명사) 자리에 대명사를 쓸 경우 목적격의 형태로 씁니다. 예 her, him, them

예 Could you take a picture of me? 제 사진을 찍어 주시겠어요?

예 Could you take a picture of my family? 제 가족 사진을 주시겠어요?

골라 쓰기 좋은 단어들

me 저
us 저희
me and my family 저와 저희 가족
me and my friends 저와 제 친구들
me and my husband 저와 제 남편

핵심표현 응용해보기

1. 저와 저희 가족 사진을 찍어 주시겠어요?

→ Could you take a picture of ____________________?

2. 저와 제 친구들 사진을 찍어 주시겠어요?

→ Could you ____________________ of ____________________?

3. 저와 제 남편 사진을 찍어 주시겠어요?

→ Could you ____________________?

4. 저와 제 여자친구 사진을 찍어 주시겠어요?

→ ____________________?

혼자서 셀카(selfie)를 찍는다고 표현할 때는 take a selfie라고 합니다.

예 I took a selfie of myself. (난 내 자신의 셀카를 찍었어.)

에티켓 및 대화

정답 | **1.** me and my family **2.** take a picture, me and my friends **3.** take a picture of me and my husband **4.** Could you take a picture of me and my girlfriend

원하는 배경으로 찍어 달라고 하기

❶ Could you take a picture of me?

❷ Sure, I can do that.

❸ I want this building in the picture.

❹ Step back a little bit.

문장별 꿀팁

A: Could you take a picture of me? 사진 좀 찍어 주시겠어요?

TIP 누구'와' 사진을 찍는 게 아니라 누구'를' 찍어 달라고 할 때는 with 대신 이렇게 of를 씁니다.

B: Sure, I can do that. 그럼요, 찍어 드릴 수 있죠.

TIP 여기서 "I can do that."은 "I can take a picture of you."를 줄인 문장입니다.

A: I want this building in the picture. 이 건물이 사진에 나오면 좋겠어요.

TIP picture 대신 photo를 써도 의미는 같습니다.

B: Step back a little bit. 뒤로 조금 물러서 주세요.

TIP 앞으로 나오라고 할 때는 step up(앞으로 나오다)을 씁니다.

핵심표현

I want (명사) in the picture. (명사)가 사진에 나오면 좋겠어요.

→ (명사)의 자리에 사진에 들어갔으면 하는 배경이나 물건 등을 넣으세요.

예 I want this statue in the picture. 이 조각상이 사진에 나오면 좋겠어요.

예 I want my friends in the picture. 제 친구들이 사진에 나오면 좋겠어요.

골라 쓰기 좋은 단어들

that fountain 저 분수	**this tree** 이 나무	**this car** 이 자동차
that statue 저 조각상	**that sign** 저 간판	**that clock tower** 저 시계탑

핵심표현 응용해보기

1. 저 분수가 사진에 나오면 좋겠어요.

→ I want ______________________________ in the picture.

2. 이 나무가 사진에 나오면 좋겠어요.

→ I want ____________________ in the ____________________.

3. 저 간판이 사진에 나오면 좋겠어요.

→ I ______________________________ in the picture.

4. 저 시계탑이 사진에 나오면 좋겠어요.

→ ______________________________.

스마트폰은 촬영 버튼이 대부분 비슷한 반면, 카메라는 종류에 따라 다를 수 있으므로 Press this button right here. (이 버튼을 눌러 주세요.)라고 하며 촬영 버튼을 미리 알려주는 게 좋겠습니다.

정답 | **1.** that fountain **2.** this tree, picture **3.** want that sign **4.** I want that clock tower in the picture

에티켓 및 대화

배려에 대한 고마움 표현하기

❶Let me get the door.

❷Oh, thank you. That's very kind of you.

❸Ladies first, right?

❹You are such a gentleman.

문장별 꿀팁

A: Let me get the door. 문 잡아 드릴게요.

TIP hold는 잡아 준다는 뜻만 되지만 get은 '잡아 주다', '열어 주다' 등 의미가 다양하기 때문에 더 흔히 쓰입니다.

B: Oh, thank you. That's very kind of you. 오, 고마워요. 엄청 친절하세요.

TIP "That's very kind of you."는 "You are very kind."와 의미 차이가 없습니다.

A: Ladies first, right? 여성분 먼저 보내 드려야죠.

TIP 모든 여성분들을 포괄적으로 나타내기 때문에 lady(단수)보다는 ladies(복수)로 써야 합니다.

B: You are such a gentleman. 정말로 신사이시군요.

TIP 이렇게 명사 앞에 such를 쓰면 그 명사가 엄청나다는 것을 강조해 줍니다.

핵심표현

That's very (형용사) **of you.** 엄청 (형용사)하세요.

→ 칭찬이 될 만한 의미의 긍정적인 (형용사)를 넣으세요.

예 That's very sweet of you. 엄청 스윗하세요.

예 That's very nice of you. 엄청 친절하세요. / 엄청 좋으세요.

골라 쓰기 좋은 단어들

kind 친절한	**cool** 쿨한	**thoughtful** 배려심 있는
of you 당신은	**of her** 그녀는	**of him** 그는

핵심표현 응용해보기

1. 엄청 쿨하세요.

→ That's very ______________________ of you.

2. 엄청 배려심 있으세요.

→ That's very ______________ of ______________.

3. 그녀는 엄청 친절해요.

→ That's very ______________ of ______________.

4. 그는 엄청 스윗해요.

→ ______________________________________.

뒤에 오는 사람을 위해 건물의 문을 열어 주거나 잡아 주는 것은 성별에 상관없이 에티켓의 기본 중 기본입니다. After you. (먼저 가세요/쓰세요.)라는 표현도 사용해 보세요.

정답 | **1.** cool **2.** thoughtful, you **3.** kind, her **4.** That's very sweet of him

도움에 대한 고마움 표현하기

1205

❶Thank you for carrying my bag.

❷That's my pleasure.

❸What's your room number?

❹It's 1205.

문장별 꿀팁

A: Thank you for carrying my bag. 가방 옮겨 주셔서 고마워요.

TIP carry는 '물건을 가지고 다니다/옮겨 주다'라는 의미를 가진 동사입니다.

B: That's my pleasure. 천만에요.

TIP "You're welcome."보다 더욱 형식적인 표현입니다.

B: What's your room number? 객실 번호가 어떻게 되시죠?

TIP 전화번호는 phone number에서 phone을 빼는 경우가 허다하지만 방 번호는 room number에서 room을 빼지 않습니다.

A: It's 1205. 1205호입니다.

TIP 호실이 네 자리 수라면 두 자리씩 나누어 읽는 게 좋습니다. 예 1410 → fourteen/ten

핵심표현

Thank you for (~ing). (~ing)해 주셔서 고마워요.

→ 어떤 행동에 대해 고마운지를 (~ing)의 모양으로 바꾸어 넣으세요.

예 Thank you for carrying my suitcase. 제 여행 가방을 옮겨 주셔서 고마워요.

예 Thank you for coming. 와 주셔서 고마워요.

골라 쓰기 좋은 단어들

for carrying my bags 제 가방들을 옮겨 주셔서
for helping me 저를 도와주셔서
for upgrading my seat 제 좌석을 업그레이드해 주셔서
for moving your car 당신 차를 옮겨 주셔서

핵심표현 응용해보기

1. 제 가방들을 옮겨 주셔서 고마워요.

→ Thank you for ______________________.

2. 저를 도와주셔서 고마워요.

→ Thank you ______________________.

3. 당신 차를 옮겨 주셔서 고마워요.

→ Thank you ______________________.

4. 제 좌석을 업그레이드해 주셔서 고마워요.

→ ______________________.

핵심표현에서 (~ing) 대신 단순히 명사를 써도 좋습니다. '(명사)에 대해 고마워요.'로 해석됩니다. 예 Thank you for your help. (당신의 도움에 대해 고마워요.)

정답 | **1.** carrying my bags **2.** for helping me **3.** for moving your car
4. Thank you for upgrading my seat

06 특정 행동 부탁하기

문장별 꿀팁

A: Do you mind smoking somewhere else?

다른 곳에서 흡연하시는 거 꺼리실까요?

TIP mind는 '꺼리다, 신경 쓰다'라는 동사입니다.

B: Oh, I'm sorry. 오, 죄송합니다.

TIP 미안함을 더 강하게 표현하려면 "I'm so sorry." 또는 "I'm terribly sorry."라고 하세요.

B: I didn't know anyone else was here.

다른 사람이 여기에 있는지 몰랐네요.

TIP else는 '다른'이라는 의미를 가진 단어입니다. 예 someone else (다른 누군가)

A: That's okay. I'm just sensitive to smells.

괜찮아요. 그냥 냄새에 민감해서요.

TIP 어떤 것에 민감하다고 할 때는 "I'm sensitive to (명사)."라는 패턴을 활용하세요.

핵심표현

Do you mind (~ing)? (~ing)하시는 거 꺼리실까요?

→ 상대방이 해줬으면 하는 행동을 (~ing)의 모양으로 바꾸어 넣으세요.

예 Do you mind smoking over there? 저기에서 흡연하시는 거 꺼리실까요?

예 Do you mind talking outside? 밖에서 얘기하시는 거 꺼려지세요?

골라 쓰기 좋은 단어들

eating somewhere else 다른 곳에서 드시면
closing the window 창문을 닫아 주시면
talking somewhere else 다른 곳에서 얘기하시면
turning off the light 불을 꺼 주시면

핵심표현 응용해보기

1. 다른 곳에서 드시면 꺼리실까요?

→ Do you mind ______________________________?

2. 창문을 닫아 주시면 꺼리실까요?

→ Do you ______________________________?

3. 다른 곳에서 얘기하시면 꺼리실까요?

→ ______________________________ talking somewhere else?

4. 불을 꺼 주시면 꺼리실까요?

→ ______________________________?

반대로 상대방이 여러분에게 Do you mind (~ing)?의 패턴으로 물어봤을 때 꺼리지 않는다면 No. 또는 I don't mind.라고 대답하고, 꺼린다면 Yes.라고 대답하세요.

에티켓 및 대화

정답 | **1.** eating somewhere else **2.** mind closing the window **3.** Do you mind
4. Do you mind turning off the light

Episode 07 잘못에 대해 사과하기

문장별 꿀팁

A: Oh, you are finally here. 오, 드디어 오셨군요.

TIP finally는 '드디어, 마침내'라는 의미로, 여러 과정이나 긴 시간 후에 원하던 결과를 맞이할 때 씁니다.

B: I'm sorry for being late. 늦어서 죄송해요.

TIP I'm sorry 뒤에 for (~ing)를 넣어 무엇에 대해 미안한지를 표현할 수 있습니다.

B: I was stuck in traffic. 교통 체증에 묶여 있었어요.

TIP stuck은 뭔가에 묶여 '오도 가도 못하는'이라는 의미의 형용사입니다.

A: I understand. 이해해요.

TIP "That's OK.(괜찮아요.)" 보다는 조금 차가운 느낌을 줄 수도 있습니다.

핵심표현

I'm sorry for (~ing). (~ing)해서 죄송해요.

→ 어떤 행동에 대해 미안한지를 (~ing)의 모양으로 바꾸어 넣으세요.

예 I'm sorry for leaving early. 일찍 떠나서 죄송해요.

예 I'm sorry for ruining your party. 파티를 망쳐서 죄송해요.

골라 쓰기 좋은 단어들

for dropping your phone 당신의 전화기를 떨어뜨려서

for pushing you 당신을 밀어서

for talking too loudly 너무 크게 얘기해서

for breaking the glass 잔을 깨서

핵심표현 응용해보기

1. 당신의 전화기를 떨어뜨려서 죄송해요.

→ I'm sorry for ______________________.

2. 당신을 밀어서 죄송해요.

→ I'm ______________ for ______________.

3. 너무 크게 얘기해서 죄송해요.

→ ______________________ talking too loudly.

4. 잔을 깨서 죄송해요.

→ ______________________.

핵심표현에서 (~ing) 대신 명사나 대명사를 써도 좋습니다. '(명사)에 대해 죄송해요.' 정도로 해석됩니다. 예 I'm sorry for everything. (모든 것에 대해 죄송해요.)

정답 | **1.** dropping your phone **2.** sorry, pushing you **3.** I'm sorry for **4.** I'm sorry for breaking the glass

에티켓 및 대화

고의가 아니었음을 표현하기

❶ Oh, I'm sorry! Are you okay?

❷ That's okay. I'm fine.

❸ I didn't mean to step on your foot.

❹ Don't worry about it.

문장별 꿀팁

A: Oh, I'm sorry! Are you okay? 오, 죄송해요! 괜찮아요?

TIP 괜찮다고 답할 때는 "I'm okay. / I'm fine." 둘 다 쓰지만, 물어볼 땐 "Are you okay?"만 씁니다. *"Are you fine?"은 조금 어색함

B: That's okay. I'm fine. 괜찮아요.

TIP "I'm fine." 대신 "I'm okay."를 써도 되며, "I'm good. / I'm cool."도 있습니다.

A: I didn't mean to step on your foot. 일부러 발을 밟은 게 아니에요.

TIP step on someone's foot은 '~의 발을 밟다'라는 덩어리 동사입니다.

B: Don't worry about it. 신경 쓰지 않으셔도 돼요.

TIP 괜찮다는 의미로 "That's OK." 대신 쓸 수 있는 표현입니다.

핵심표현

I didn't mean to (동사원형). 고의로 (동사원형)한 게 아니에요.

→ (동사원형)의 자리에 실수를 한 행동을 넣으세요.

예 I didn't mean to step on your clothes. 일부러 옷을 밟은 게 아니에요.

예 I didn't mean to lie. 고의로 거짓말을 한 게 아니에요.

골라 쓰기 좋은 단어들

cut in line 새치기를 하다 **push you** 당신을 밀다 **be late** 늦다

scratch your car 당신 차에 스크래치를 내다

take your bag 당신 가방을 가져가다

핵심표현 응용해보기

1. 고의로 새치기를 한 게 아니에요.

→ I didn't mean to ______________________.

2. 고의로 당신을 민 게 아니에요.

→ I didn't ______________ to ______________.

3. 고의로 늦은 게 아니에요.

→ ______________________ be late.

4. 고의로 당신 가방을 가져간 게 아니에요.

→ ______________________.

어떤 동사를 써야 할 지 떠오르지 않는다면 I'm sorry. I didn't mean it.을 쓰세요.
'죄송해요. 고의로 그런 게 아니에요.'라는 의미의 포괄적인 표현입니다.

정답 | **1.** cut in line **2.** mean, push you **3.** I didn't mean to **4.** I didn't mean to take your bag

에티켓 및 대화

Episode 09 길 물어보기

❶How do I get to this address?

❷Go down the street for 5 minutes.

❸You will see the building on your right.

❹Thank you. I appreciate it.

문장별 꿀팁

A: How do I get to this address? 이 주소로 어떻게 가죠?

TIP get to 뒤에 장소를 넣으면 그 장소에 '가다, 도착하다'라는 뜻이 됩니다.

B: Go down the street for 5 minutes. 길을 따라 5분간 가세요.

TIP 여기서 down은 '~의 아래로'가 아니라 '~를 따라서'라고 해석합니다.

B: You will see the building on your right.

오른쪽에 그 건물이 보일 거예요.

TIP on your right은 '오른쪽에' 그리고 on your left는 '왼쪽에'입니다.

A: Thank you. I appreciate it. 고맙습니다.

TIP appreciate(~을 고마워하다)를 "Thank you."와 함께 쓰면 예의 있게 들립니다.

핵심표현

How do I get to (명사)**?** (명사)로 어떻게 가죠?

→ (명사)의 자리에 목적지를 나타내는 고유명사나 실제 도로 주소를 넣으세요.

예 How do I get to Mayu World? Mayu World에 어떻게 가죠?

예 How do I get to 123 Main Street? Main Street 123번지에 어떻게 가죠?

골라 쓰기 좋은 단어들

123 Peter Street Peter Street 123번지

Mayu Land 마유랜드

Mayu's Nail Salon 마유 네일 살롱

this address 이 주소

핵심표현 응용해보기

1. Peter Street 123번지로 어떻게 가죠?

→ How do I get to ______________________________?

2. 마유 네일 살롱으로 어떻게 가죠?

→ How do I ______________________________ Mayu's Nail Salon?

3. 마유랜드로 어떻게 가죠?

→ ______________________________ Mayu Land?

4. Kelly Street 100번지로 어떻게 가죠?

→ ______________________________?

How do I get to 대신 How can I get to를 써도 의미의 차이는 거의 없어요. 조금 간접적인 표현인 I'm looking for (명사). ((명사)를 찾고 있는데요.)를 써도 좋습니다.

정답 | **1.** 123 Peter Street **2.** get to **3.** How do I get to **4.** How do I get to 100 Kelly Street

Episode

10 허락 구하기

문장별 꿀팁

A: Can I sit here? 여기 앉아도 될까요?

TIP 허락을 구할 때 더욱 예의를 갖추려면 Can 대신 May를 쓰세요.

A: I have too many bags. 가방이 너무 많아서요.

TIP bag(가방)은 baggage(짐)와는 달리 셀 수 있는 명사입니다.

B: Sure. Go ahead. 그럼요. 그렇게 하세요.

TIP "Go ahead."는 "그렇게 해. / 어서 해." 정도로 상대방의 부탁을 흔쾌히 허락하는 표현입니다.

B: You can put your bags here. 여기에 가방을 두셔도 돼요.

TIP put은 '두다'라는 동사이며, 참고로 put down은 '내려놓다'라는 동사입니다.

핵심표현

Can I (동사원형)? (동사원형)해도 될까요?

→ (동사원형)의 자리에 허락받고 싶은 행동을 넣으세요.

예 Can I sit with you? 당신과 앉아도 될까요?

예 Can I wait here? 여기서 기다려도 될까요?

골라 쓰기 좋은 단어들

pay later 나중에 계산하다
take one 하나 가져가다
eat here 여기에서 먹다
wait in the lobby 로비에서 기다리다
leave my bag here 제 가방을 여기에 놔두다

핵심표현 응용해보기

1. 나중에 계산해도 될까요?

→ Can I ____________________?

2. 하나 가져가도 될까요?

→ ____________ I ____________?

3. 로비에서 기다려도 될까요?

→ ____________________ wait in the lobby?

4. 제 가방을 여기에 놔둬도 될까요?

→ ____________________?

에티켓 및 대화

반대로 남의 행동을 허락해 주고 싶다면 You can 또는 You may를 써서 표현하면 됩니다.

예 You can use our bathroom. (저희 화장실을 써도 돼요.)

정답 | **1.** pay later **2.** Can, take one **3.** Can I **4.** Can I leave my bag here

Episode 11 여행 목적 말하기

문장별 꿀팁

A: What brings you guys here? 여기는 어떤 일로 오셨어요?

TIP "Why did you come here?(왜 여기 왔어요?)"보다 훨씬 완곡한 표현입니다.

B: We are on our honeymoon. 저희는 신혼여행 중이에요.

TIP on one's honeymoon은 '신혼여행 중인'이라는 덩어리 표현입니다.

A: Wow! Congratulations! 와! 축하드려요!

TIP Congratulation 뒤에 s를 추가하지 않으면 콩글리시입니다.

B: Thank you. We are so excited! 고마워요. 엄청 신나 있어요!

TIP excited보다 신나는 감정과 행복한 감정을 강조하고 싶을 땐 thrilled를 쓰세요.

핵심표현

We are on (명사). 저희는 (명사) 중이에요.

We are (~ing). 저희는 (~ing)하는 중이에요.

→ 혼자서 뭔가 하는 중이라면 We are 대신 I am으로 바꿔서 쓰세요.

예 We are on a picnic. 저희는 소풍 중이에요.

예 I am visiting my parents. 저는 부모님을 방문 중이에요.

골라 쓰기 좋은 단어들

on a business trip 출장 중인

on vacation 휴가 중인

just travelling 그냥 여행 중인

visiting our children 아이들을 방문 중인

핵심표현 응용해보기

1. 저희는 휴가 중이에요.

→ We are ____________________________.

2. 저희는 그냥 여행 중이에요.

→ We are ____________________________.

3. 저는 출장 중이에요.

→ I am ____________________________.

4. 저희는 아이들을 방문 중이에요.

→ ____________________________.

시내 투어처럼 다른 그룹과 함께하는 여행 중에 이런 대화는 흔하므로 준비해 두는 게 좋습니다. 이번 핵심표현은 입국심사에서도 충분히 쓸 수 있는 표현이니 잘 익혀 두세요.

정답 | **1.** on vacation **2.** just travelling **3.** on a business trip **4.** We are visiting our children

Episode 12 몇 번째 여행인지 말하기

문장별 꿀팁

A: Have you been to Paris before? 전에 파리에 와 보신 적 있나요?

TIP Have you been to로 문장을 시작하면 어떤 장소에 가 본 적 있는지 물어보는 질문이 됩니다.

B: Actually, this is my first time in Europe.

사실 유럽에는 처음이에요.

TIP time 대신 trip(여행)이라는 단어를 써도 되는데 그럴 땐 in을 to로 바꿔 주세요.

B: I'm so excited! 엄청 신나요!

TIP so는 '엄청, 아주'라는 표현인데, 더욱 강조하고 싶다면 super를 써도 좋습니다.

A: Oh, you will love it here! 오, 여기 정말 마음에 드실 거예요.

TIP 어떤 장소가 마음에 든다고 할 때 here/there의 경우에는 바로 앞에 it을 넣어 주세요.

핵심표현

This is my (몇 번째) in (장소). (장소)에는 (몇 번)째예요.

→ 여기서 (몇 번째)는 서수로 써야 합니다.

예 This is my first time in America. 미국에는 처음이에요.

예 This is my second time in Europe. 유럽에는 두 번째예요.

골라 쓰기 좋은 단어들

first time 처음	**second time** 두 번째	**third time** 세 번째
Canada 캐나다	**California** 캘리포니아	**Seattle** 시애틀

핵심표현 응용해보기

1. 캐나다에는 처음이에요.

→ This is my ______________________________ in Canada.

2. 캘리포니아에는 두 번째예요.

→ This is my __________________ in __________________.

3. 시애틀에는 세 번째예요.

→ ______________________________________ in Seattle.

4. 파리에는 처음이에요.

→ ____.

전에 한 번도 와 본 적이 없다고 할 땐 I have never been to (장소) before.라는 패턴을 쓰세요. 예 I have never been to Paris before. (저는 전에 파리에 와 본 적이 없어요.)

정답 | **1.** first time **2.** second time, California **3.** This is my third time **4.** This is my first time in Paris

에티켓 및 대화

Chapter 08

응급 상황

•••

01 분실한 물건 봤는지 물어보기

02 분실한 물건 묘사하기

03 물건을 어디서 분실했는지 말하기

04 어디가 아픈지 말하기

05 어디 다쳤는지 말하기

06 잃어버린 아이 생김새 묘사하기

07 잃어버린 아이 복장 묘사하기

08 아이 잃어버린 장소 말하기

09 비행기를 놓쳤다고 말하기

10 화장실 위치 물어보기

11 도난당한 물건 신고하기

12 급하게 물건 빌리기

Episode 01 분실한 물건 봤는지 물어보기

문장별 꿀팁

A: Have you seen a passport around here?

이 근처에서 여권 보신 적 있나요?

TIP Have you seen으로 문장을 시작하면 뭔가를 본 적 있는지 경험을 묻는 질문이 됩니다.

B: No, I haven't. 아뇨, 본 적 없는데요.

TIP 본 적이 있다면 "Yes, I have.", 본 적이 없다면 "No, I haven't."라고 간단히 말합니다.

B: Did you lose it here? 여기서 잃어버리셨나요?

TIP lose(잃어버리다)와 loose(헐렁한)를 헷갈리지 마세요.

A: I'm not sure. 확실히 모르겠어요.

TIP "I don't remember.(기억이 안 나요.)"와 "I have no idea.(전혀 모르겠어요.)"도 있습니다.

핵심표현

Have you seen a/an (명사) around here? 이 근처에서 (명사)를 본 적이 있나요?

→ around(~의 근처에서) 대신 on(~의 위에서) / in(~의 안에서)도 써 보세요.

예 Have you seen an umbrella around here? 이 근처에서 우산을 본 적이 있나요?

예 Have you seen a wallet around here? 이 근처에서 지갑을 본 적이 있나요?

골라 쓰기 좋은 단어들

key 열쇠 **backpack** 백팩 **handbag** 핸드백

briefcase 서류 가방 **envelop** 봉투 **on this table** 이 테이블 위에서

핵심표현 응용해보기

1. 이 근처에서 열쇠를 본 적이 있나요?

→ Have you seen a ______________ around here?

2. 이 근처에서 핸드백을 본 적이 있나요?

→ ______________ a handbag ______________?

3. 이 테이블 위에서 봉투를 본 적이 있나요?

→ Have you seen ______________ envelop ______________?

4. 이 근처에서 백팩을 본 적이 있나요?

→ ______________________________?

뭔가를 잃어버렸다고 직접적으로 말할 땐 I have lost (명사).라는 패턴을 쓰세요.
참고로, 분실물 센터를 영어로는 Lost and Found라고 합니다.

정답 | **1.** key **2.** Have you seen, around here **3.** an, on this table **4.** Have you seen a backpack around here

응급 상황

Episode 02 분실한 물건 묘사하기

문장별 꿀팁

A: Are you looking for something? 뭔가를 찾고 계신가요?

TIP look for(~를 찾다)는 find(~를 찾아내다)와는 달리 찾는 '과정'에 집중한 동사입니다.

B: Yes, I lost my purse here. 네, 여기서 제 지갑을 잃어버렸어요.

TIP purse는 동전 지갑이 될 수도 있고 작은 핸드백이 될 수도 있습니다.

A: What does it look like? 지갑이 어떻게 생겼나요?

TIP look like는 '~처럼 생기다'라는 덩어리 표현입니다.

B: It's a small white one. 작은 흰색 지갑이에요.

TIP 여기서 one은 purse를 받는 대명사입니다.

핵심표현

It's a/an (크기) (색상) (명사). (크기) (색상)의 (명사)예요.

→ 물건을 묘사할 때는 이렇게 크기 → 색상의 순으로 하세요.

예 It's a big blue bag. 큰 파란 가방이에요.

예 It's a small black wallet. 작은 검정 지갑이에요.

골라 쓰기 좋은 단어들

big 큰	**small** 작은	**tiny** 아주 작은
huge 아주 큰	**purse** 동전 지갑	**wallet** 지갑
handbag 핸드백	**hat** 모자	

핵심표현 응용해보기

1. 작은 노란 모자예요.

→ It's a small ____________________.

2. 큰 회색 지갑이에요.

→ It's a ____________ gray ____________.

3. 아주 작은 은색 동전 지갑이에요.

→ It's a ____________________.

4. 큰 흰색 핸드백이에요.

→ ________________________.

Lost and Found(분실물 센터)에 가더라도 물건이 자신의 것임을 증명하기 위해 반드시 묘사를 할 필요가 있습니다. 미리 머릿속에 크기와 색상을 그리고 가는 게 현명합니다.

정답 | **1.** yellow hat **2.** big, wallet **3.** tiny silver purse **4.** It's a big white handbag

Episode 03 물건을 어디서 분실했는지 말하기

문장별 꿀팁

A: Where did you leave your purse? 지갑을 어디에 두셨죠?

TIP leave는 '떠나다'라는 뜻도 되지만 '놔두다, 내버려두다'라는 뜻도 됩니다.

B: I left it on the table. 테이블 위에 뒀어요.

TIP left는 leave의 과거형 동사입니다.

A: Let me ask my manager. 지배인에게 물어볼게요.

TIP ask는 이미 '~에게'가 포함된 동사이므로 뒤에 to를 넣지 않습니다. 예 ask to me (×)

B: Thank you for your help. 도와줘서 고마워요.

TIP 이렇게 Thank you for 뒤에 your help 같은 명사를 넣으면 그것에 대해 고맙다는 말이 됩니다.

핵심표현

I left it on the (명사). (명사) 위에 뒀어요.

→ 아래에 뒀다면 on 대신 under를, 안에 뒀다면 in을 쓰세요.

예 I left it on the sofa. 소파 위에 뒀어요.

예 I left it under the table. 테이블 아래에 뒀어요.

골라 쓰기 좋은 단어들

on the desk 책상 위에
under the desk 책상 아래에
in the bathroom 화장실 안에
on the bed 침대 위에
in the shower 샤워실 안에
in the car 차 안에

핵심표현 응용해보기

1. 책상 위에 뒀어요.

→ I left it on the ______________________.

2. 침대 위에 뒀어요.

→ I left it ______________________.

3. 책상 아래에 뒀어요.

→ ______________________ under the desk.

4. 화장실 안에 뒀어요.

→ ______________________.

on, under, in 외에 유용한 전치사를 더 보자면, next to (~의 옆에) / around (~의 근처에) / behind (~의 뒤에) / in front of (~의 앞에) 등이 있습니다.

정답 | **1.** desk **2.** on the bed **3.** I left it **4.** I left it in the bathroom

Episode 04 어디가 아픈지 말하기

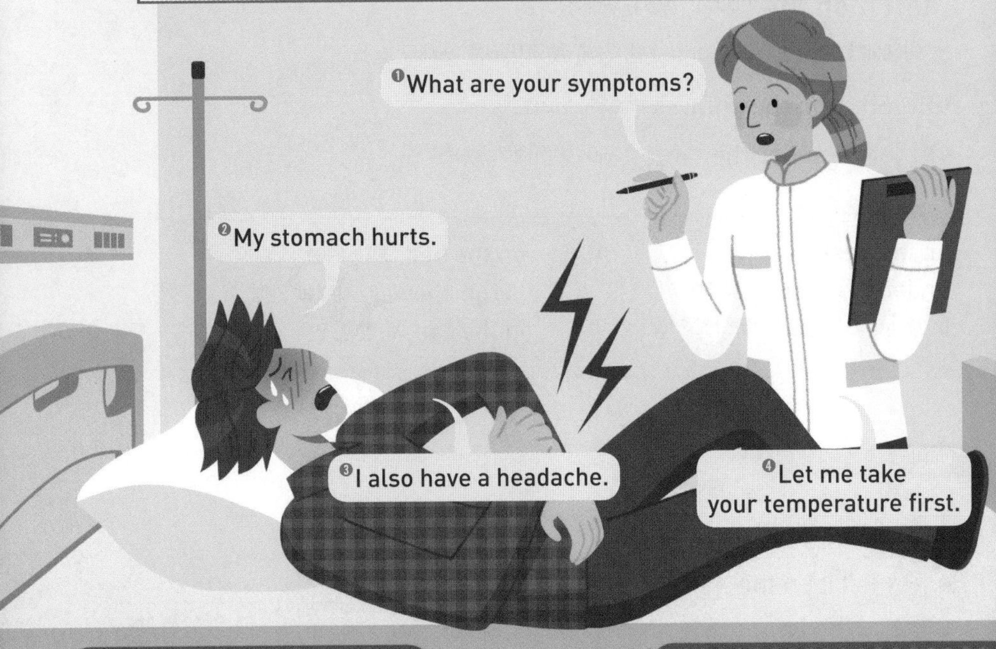

문장별 꿀팁

A: What are your symptoms? 증세가 어떻게 되나요?

TIP symptom은 p가 묵음이기 때문에 '씸틈'에 가깝게 발음합니다.

B: My stomach hurts. 배가 아파요.

TIP hurt는 물리적인 통증을 표현하는 동사입니다. *과거형도 hurt

B: I also have a headache. 두통도 있어요.

TIP 보통 ache로 끝나는 증세는 관사 a/an을 앞에 씁니다.

A: Let me take your temperature first. 열을 먼저 재 볼게요.

TIP take one's temperature는 '~의 열을 재다'라는 덩어리 표현입니다.

핵심표현

I have (명사). (명사)가 있어요.

→ (명사)의 자리에 증상을 넣습니다. 아이가 아프다면 I have 대신 She/He has로 바꿔 줍니다.

예 I have a stomachache. 복통이 있어요.

예 She/He has a headache. (아이가) 두통이 있어요.

골라 쓰기 좋은 단어들

a headache 두통	**a stomachache** 복통	**a fever** 열
a sore throat 목 쓰림	**a runny nose** 콧물	**muscle pain** 근육통

핵심표현 응용해보기

1. 열이 있어요.

→ I have ________________.

2. 목이 아파요.

→ I have ________________.

3. (아이가) 콧물이 나요.

→ ________________ a runny nose.

4. 근육통이 있어요.

→ ________________.

의사가 증세를 물어볼 때 What are your symptoms? 대신 What brings you here today?라고 하기도 하는데, 결국 병원을 찾은 이유(증세)를 물어보는 것이니 대답은 똑같이 하면 됩니다.

정답 | **1.** a fever **2.** a sore throat **3.** She/He has **4.** I have muscle pain

Episode

05 어디 다쳤는지 말하기

문장별 꿀팁

A: Are you okay? 괜찮으세요?

TIP okay를 OK로 줄일 경우엔 철자를 모두 대문자로 쓰세요. (ok (×) OK (○))

B: I think I broke my leg. 다리가 부러진 것 같아요.

TIP broke는 break(부러뜨리다)의 과거형 동사입니다.

B: It's bleeding, too. 피도 나요.

TIP bleed는 '피를 흘리다'라는 동사로 과거형은 bled입니다.

A: Hang in there. I'll call an ambulance.

조금만 참으세요. 구급차를 부를게요.

TIP "Hang in there."는 단순히 기다리라는 "Hold on."과는 달리 견디며 기다리라는 말입니다.

핵심표현

I think I broke my (명사). (명사)가 부러진 것 같아요.

→ broke 대신에 sprained를 쓰면 접질렸다는 뜻이 됩니다.

예 I think I broke my arm. 팔이 부러진 것 같아요.

예 I think I sprained my ankle. 발목을 접질린 것 같아요.

골라 쓰기 좋은 단어들

hurt my leg 다리를 다쳤다 **broke my leg** 다리가 부러졌다
sprained my leg 다리를 접질렸다 **ankle** 발목
wrist 팔목 **arm** 팔 **finger** 손가락
neck 목 **rib** 갈비뼈 **back** 등

핵심표현 응용해보기

1. 손가락이 부러진 것 같아요.

→ I think I broke my ______________________.

2. 다리를 다친 것 같아요.

→ I think I ______________________.

3. 팔목을 접질린 것 같아요.

→ I ______________ I ______________ my wrist.

4. 목을 접질린 것 같아요.

→ ______________________.

이런 비상 상황에 주위에 아무도 없다면 911에 전화를 걸어 위의 대화로 도움을 받으세요. 위치 추적으로 구급차가 빠르게 올 것입니다. 또한, 구급차가 도착할 때까지 전화를 끊지 마세요.

정답 | **1.** finger **2.** hurt my leg **3.** think, sprained **4.** I think I sprained my neck

Episode 06 잃어버린 아이 생김새 묘사하기

문장별 꿀팁

A: **My child is missing.** 제 아이가 없어졌어요.

TIP missing은 '실종된'이란 의미의 형용사입니다. 물건이 없어졌다는 의미로도 사용합니다.

B: **How old is your child?** 아이가 몇 살인가요?

TIP How old로 문장을 시작하면 사람의 나이나 물건의 연식을 물어보는 질문이 됩니다.

A: **He's only 5 years old.** 5살밖에 안 됐어요.

TIP 나이를 말할 때 years old라는 단어는 생략 가능합니다. 예 He's only 5.

A: **He is skinny and has short hair.** 말랐고 머리가 짧아요.

TIP skinny는 '마른'이란 형용사인데 부정적인 의미로 쓰일 때가 많습니다.

핵심표현

He/She is (형용사) and has short hair. (형용사)하고 머리가 짧아요.

→ (형용사)의 자리에 체격을 넣고 머리 길이는 short(짧은) / long(긴) 정도를 넣으세요.

예 He is chubby and has short hair. 통통하고 머리가 짧아요.

예 She is skinny and has long hair. 말랐고 머리가 길어요.

골라 쓰기 좋은 단어들

skinny 마른　**of medium build** 보통 체격인

chubby 통통한　**tall** 키가 큰　**short** 키가 작은

has long hair 머리가 긴　**has curly hair** 머리가 곱슬인

핵심표현 응용해보기

1. (남자아이) 통통하고 머리가 길어요.

→ He is ______________________ and has long hair.

2. (여자아이) 키가 크고 머리가 짧아요.

→ She is tall and ______________________.

3. (남자아이) 키가 작고 머리가 짧아요.

→ He is ______________ and ______________.

4. (여자아이) 말랐고 머리가 곱슬이에요.

→ 

입고 있는 옷과는 달리 생김새는 고정적인 편이므로 사진을 보여 주는 것도 좋은 방법입니다. I have a photo of her/him. (아이의 사진이 있어요.)도 함께 알아 두세요.

정답 | **1.** chubby **2.** has short hair **3.** short, has short hair **4.** She is skinny and has curly hair

응급 상황

잃어버린 아이 복장 묘사하기

❶ What is your child wearing?

❷ He's wearing jeans and a striped shirt.

❸ Do you have a picture of him?

❹ Oh, yes! This is him.

문장별 꿀팁

A: What is your child wearing? 아이가 뭘 입고 있나요?

TIP wear는 옷을 입고 있는 상태를 강조하는 동사입니다. 과거형 동사는 wore입니다.

B: He's wearing jeans and a striped shirt.

청바지와 줄무늬 셔츠를 입고 있어요.

TIP jeans, pants, leggings 등의 바지류는 복수로 취급합니다.

A: Do you have a picture of him? 아드님 사진이 있나요?

TIP picture 대신에 photo를 써도 의미는 같습니다.

B: Oh, yes! This is him. 네, 얘가 아들이에요.

TIP 여자아이라면 "This is her."라고 해 주세요.

핵심표현

She's / He's wearing (하의) and (상의). (하의)와 (상의)를 입고 있어요.

→ 치마류를 제외하고는 하의는 복수로 쓰고 상의는 단수로 쓰세요.

예 He's wearing jeans and a blue jacket. 청바지와 파란 재킷을 입고 있어요.

예 She's wearing a black skirt and a white shirt.

검정 치마와 흰 셔츠를 입고 있어요.

골라 쓰기 좋은 단어들

pants 바지 **shorts** 반바지 **jeans** 청바지 **cap** 야구 모자
leggings 레깅스 **overalls** 멜빵바지 **skirt** 치마
shirt 셔츠 **sweater** 스웨터 **hoodie** 후드 티

핵심표현 응용해보기

1. (남자아이) 청바지와 후드 티를 입고 있어요.

→ He's wearing ______________________ and a hoodie.

2. (여자아이) 흰 반바지와 노란 셔츠를 입고 있어요.

→ She's wearing ______________ and ______________.

3. (남자아이) 멜빵바지와 녹색 스웨터를 입고 있어요.

→ ______________ overalls and ______________.

4. (여자아이) 레깅스와 빨간 야구 모자를 쓰고 있어요.

→ ______________________________________.

생김새와는 달리 의상은 특별하지 않으면 구별하기가 쉽지 않을 수 있으므로 해외 여행 시에는 비상 상황을 대비해 아이들에게 hairpin(머리핀), wristband(손목밴드) 등의 특별한 아이템을 착용시키는 것을 강력히 추천합니다.

정답 | **1.** jeans **2.** white shorts, a yellow shirt **3.** He's wearing, a green sweater **4.** She's wearing leggings and a red cap

Episode 08 아이 잃어버린 장소 말하기

문장별 꿀팁

A: Can you help? I can't find my son.

도와주시겠어요? 제 아들을 못 찾겠어요.

TIP can't는 입 모양을 옆으로 벌려 '캔'보다는 '캐앤트'처럼 발음합니다.

B: Where did you lose him? 어디에서 잃어버리셨죠?

TIP lose의 과거형 동사는 lost입니다.

A: I lost him near the main gate. 입구 근처에서 잃어버렸어요.

TIP near(~의 근처에서) 대신 around(~ 주위에서)를 써도 좋습니다.

B: Don't worry. We will find him. 걱정 마세요. 찾을 겁니다.

TIP 이렇게 will은 막연한 확신(~할 겁니다)을 표현할 때도 씁니다.

핵심표현

I lost him near the (명사). (명사) 근처에서 잃어버렸어요.

→ 여자아이라면 him 대신 her를 쓰면 됩니다.

예 I lost him near the bridge. 다리 근처에서 잃어버렸어요.

예 I lost her near the hotel. 호텔 근처에서 잃어버렸어요.

골라 쓰기 좋은 단어들

statue 조각상	**ticket office** 매표소	**clock tower** 시계탑
fountain 분수대	**bus stop** 버스 정류장	**restroom** 화장실

핵심표현 응용해보기

1. (남자아이) 조각상 근처에서 잃어버렸어요.

→ I lost him near the ______________________.

2. (여자아이) 시계탑 근처에서 잃어버렸어요.

→ I lost ______________ near the ______________.

3. (남자아이) 분수대 근처에서 잃어버렸어요.

→ I lost him ______________________.

4. (여자아이) 화장실 근처에서 잃어버렸어요.

→ ______________________.

근처가 아니라 장소 안에서 잃어버렸다면 near 대신 in을 쓰면 됩니다.

예 I lost him/her in the parking lot. (주차장 안에서 잃어버렸어요.)

정답 | **1.** statue **2.** her, clock tower **3.** near the fountain **4.** I lost her near the restroom

응급 상황

비행기를 놓쳤다고 말하기

❶ I missed my flight to Incheon, Korea.

❷ We have another flight at 3.

❸ Oh, thank God!

❹ Let me check available seats.

문장별 꿀팁

A: I missed my flight to Incheon, Korea.

한국 인천으로 가는 항공편을 놓쳤는데요.

TIP 목적지를 말할 땐 도시 → 나라 순으로 말하는 게 좋습니다.

B: We have another flight at 3. 3시에 항공편이 하나 더 있습니다.

TIP flight는 plane과는 달리 비행기 자체가 아니라 항공편을 의미합니다.

A: Oh, thank God! 오, 참 다행이에요!

TIP "참 다행이다!"라는 표현으로 "Thank goodness!" / "What a relief!" 등이 있습니다.

B: Let me check available seats. 남아 있는 좌석을 확인해 볼게요.

TIP available은 '사용할 수 있는'이라는 형용사입니다.

핵심표현

I missed my flight to (도시)**,** (나라)**.** (나라) (도시)로 가는 항공편을 놓쳤는데요.

→ 국내선을 이용한다면 나라는 굳이 쓰지 않아도 됩니다.

예 I missed my flight to Incheon, Korea. 한국 인천으로 가는 항공편을 놓쳤는데요.

예 I missed my flight to LA. LA로 가는 항공편을 놓쳤는데요.

골라 쓰기 좋은 단어들

Incheon 인천 **Korea** 한국 **Incheon, Korea** 인천, 한국
JFK Airport JFK 공항 **JFK Airport, New York** JFK 공항, 뉴욕

핵심표현 응용해보기

1. LA로 가는 항공편을 놓쳤는데요.

→ I missed my flight to ________________.

2. 캐나다 Vancouver로 가는 항공편을 놓쳤는데요.

→ I missed my flight to ________________.

3. San Diego Airport로 가는 항공편을 놓쳤는데요.

→ I ________________ to ________________.

4. 프랑스 파리로 가는 항공편을 놓쳤는데요.

→ ________________.

미국 같이 큰 나라에서는 주와 주를 넘나들 때 자국의 저가 항공을 이용하는 게 훨씬 유리합니다. 연말이나 추수감사절 시즌을 제외하고는 좌석이 여유로운 편이기 때문에 현지에 도착해서 예약해도 늦지 않습니다.

정답 | **1.** LA **2.** Vancouver, Canada **3.** missed my flight, San Diego Airport **4.** I missed my flight to Paris, France

응급 상황

Episode 10 화장실 위치 물어보기

문장별 꿀팁

A: Is there a restroom in the building? 건물 안에 화장실이 있나요?

TIP restroom은 보통 집 안의 화장실이 아닌 공중화장실을 말합니다.

B: Yes, the ladies' room is upstairs. 네, 여자 화장실은 위층에 있어요.

TIP upstairs(위층에)의 반대말은 downstairs(아래층에)입니다.

A: Where are the stairs? 계단이 어디에 있나요?

TIP 계단은 하나로 구성된 경우가 거의 없으므로 stairs(복수)로 쓰세요.

B: Take the stairs over there. 저기 있는 계단을 이용하세요.

TIP 계단, 엘리베이터, 에스컬레이터를 이용한다고 할 때는 use도 좋지만 take를 자주 씁니다.

핵심표현

Is there a restroom in the (명사)? (명사) 안에 화장실이 있나요?

→ 'in the (명사)' 대신 around here을 넣으면 '이 근처에'가 됩니다.

예 Is there a restroom in the restaurant? 식당 안에 화장실이 있나요?

예 Is there a restroom around here? 이 근처에 화장실이 있나요?

골라 쓰기 좋은 단어들

building 건물 **store** 가게 **restaurant** 식당
café 카페 **restroom** 화장실 **ladies' room** 여자 화장실
men's room 남자 화장실

핵심표현 응용해보기

1. 가게 안에 화장실이 있나요?

→ Is there a restroom in the ______________________?

2. 카페 안에 화장실이 있나요?

→ Is there a ______________ in the ______________?

3. 건물 안에 남자 화장실이 있나요?

→ ______________ a men's room in the ______________?

4. 식당 안에 여자 화장실이 있나요?

→ ____?

화장실은 나라에 따라 쓰는 단어와 용도가 다를 수 있는데 미국에서는 restroom, bathroom을 영국에서는 loo, toilet이라는 단어를 자주 씁니다.

정답 | **1.** store **2.** restroom, café **3.** Is there, building **4.** Is there a ladies' room in the restaurant

응급 상황

도난당한 물건 신고하기

❶ Someone just stole my handbag!

❷ Do you have valuables in it?

❸ It had my passport inside.

❹ Please fill out this form.

문장별 꿀팁

A: Someone just stole my handbag! 누가 방금 제 핸드백을 훔쳐갔어요!

TIP stole은 steal(훔치다)의 과거형 동사입니다.

B: Do you have valuables in it? 안에 귀중품들이 있나요?

TIP valuable은 형용사로 '귀중한'도 되지만 명사로 '귀중품'도 되며 보통 복수로 씁니다.

A: It had my passport inside. 안에 제 여권이 있었어요.

TIP It had 대신 There was(~가 있었다)를 써도 좋습니다.

예 There was my passport inside.

B: Please fill out this form. 이 양식을 작성해 주세요.

TIP 나라에 따라 '작성하다'라는 의미로 fill out 대신 fill in을 쓰기도 합니다.

핵심표현

It had (명사) inside. 안에 (명사)가 있었어요.

→ 귀중품이 여러 개였다면 and로 이어서 표현하세요.

예 It had my wallet inside. 안에 제 지갑이 있었어요.

예 It had my passport and my wallet inside. 안에 제 여권과 지갑이 있었어요.

골라 쓰기 좋은 단어들

some money 약간의 돈 **some cash** 약간의 현금 **my credit card** 제 신용 카드
my passport 제 여권 **my wallet** 제 지갑
important documents 중요한 서류들

핵심표현 응용해보기

1. 안에 약간의 돈이 있었어요.

→ It had ______________________ inside.

2. 안에 제 신용 카드가 있었어요.

→ It had ______________________.

3. 안에 제 여권과 약간의 현금이 있었어요.

→ It had ______________ and ______________.

4. 안에 중요한 서류들이 있었어요.

→ ______________________.

여권을 휴대하고 다니는 것은 중요하지만 분실하면 굉장히 골치 아파집니다.
신분증의 목적으로 휴대하고 다니는 것이라면 국제 면허증으로 대체하는 것을 추천합니다.

정답 | **1.** some money **2.** my credit card inside **3.** my passport, some cash inside **4.** It had important documents inside

Episode 12 〉급하게 물건 빌리기

문장별 꿀팁

A: May I borrow your phone for a second?

전화기를 잠시 빌릴 수 있을까요?

TIP borrow(빌리다)와 lend(빌려주다)를 헷갈리지 마세요.

B: Is your phone dead? 전화기가 안 되나요?

TIP 기계에 dead(죽은)를 쓰면 '작동하지 않는, 배터리가 없는, 꺼진' 등의 뜻이 됩니다.

A: Yes... I have to call my dad. 네… 아빠에게 전화를 해야 해요.

TIP have to 뒤에 동사원형을 쓰면 그 행동을 반드시 해야 한다는 뜻이 됩니다.

B: Go ahead and use it. 어서 쓰세요.

TIP Go ahead and를 쓰고 동사원형으로 이어 말하면, '허락할 테니 어서 그 행동을 하라'는 말입니다.

핵심표현

May I borrow (명사) for a second? (명사)를 잠시 빌릴 수 있을까요?

→ May 대신 Can을 써도 좋습니다. for a second는 '잠시 동안'이란 뜻입니다.

예 May I borrow your pen for a second? 펜을 잠시 빌릴 수 있을까요?

예 May I borrow this umbrella for a second? 이 우산을 잠시 빌릴 수 있을까요?

골라 쓰기 좋은 단어들

your phone 당신의 전화기
your lighter 당신의 라이터
this chair 이 의자
your charger 당신의 충전기
your pen 당신의 펜
this cart 이 카트

핵심표현 응용해보기

1. 당신의 충전기를 잠시 빌릴 수 있을까요?

→ May I borrow ______________________ for a second?

2. 이 의자를 잠시 빌릴 수 있을까요?

→ May I borrow ______________________?

3. 당신의 라이터를 잠시 빌릴 수 있을까요?

→ May I ______________ your lighter ______________?

4. 이 카트를 잠시 빌릴 수 있을까요?

→ ______________________________?

다른 물건은 몰라도 전화는 통화료가 발생하기 때문에 무슨 목적인지를 언급하는 게 중요합니다. 대화에 나온 I have to call (사람). ((사람)에게 전화해야 해서요.)도 함께 연습하세요.

정답 | **1.** your charger **2.** this chair for a second **3.** borrow, for a second
4. May I borrow this cart for a second

응급 상황

암기해도 안 아까운 문장 1

공항

• 마유 항공 탑승 수속대가 어디예요?
Where is the Mayu Airlines check-in desk?

• 가방 몇 개 부칠 수 있나요?
How many bags can I check?

• 이 가방에 '취급 주의' 표시해 주세요.
Please mark this bag as 'fragile.'

• 비행기는 정시에 출발/도착하나요?
Is the flight on time?

• 시카고에서 짐 찾아야 되나요?
Do I need to pick up my luggage in Chicago?

• 이 줄 외국인 줄인가요?
Is this line for foreigners?

• 여권과 탑승권을 준비해 주세요.
Please have your passport and boarding pass ready.

• 뉴욕행 마유 항공 310편에 대한 마지막 탑승 안내입니다.
This is the final boarding call for Mayu Airlines flight 310 for New York.

암기해도 안 아까운 문장 2

기내

- 경유 시간이 얼마나 되나요?
  How long is the lay-over?

- 제가 좌석 좀 뒤로 젖히면 꺼리실까요?
  Do you mind if I put my seat back?

- 음료 한 잔 더 주실 수 있나요?
  Can I have another drink?

- 비행기에 의사분 계신가요?
  Is there a doctor on the plane?

- 좌석을 똑바로 세워 주세요.
  Please return your seat to the upright position.

- 안전벨트를 매 주세요.
  Please fasten your seatbelt.

- 지금 전화 한 통 걸어도 되나요?
  Can I make a phone call now?

- 저 입국신고서 못 받았는데요.
  I didn't receive a landing card.

암기해도 안 아까운 문장 3

호텔

- 방 열쇠를 잃어버렸는데요.
  I have lost my room key.

- 가방 옮기는 거 도와주실 분 계실까요?
  Can someone help me with my bags?

- 다른 방으로 옮겨 줄 수 있으세요?
  Can you move us to another room?

- 1005호로 청구해 주세요.
  Charge it to room 1005, please.

- 아침 식사는 언제 제공되나요?
  When is breakfast served?

- 수영장은 몇 시까지 열어요?
  What time is the swimming pool open until?

- 더 도와드릴 게 있을까요?
  Is there anything else we can help you with?

- 인터넷에 연결이 안 돼요.
  I can’t connect to the Internet.

암기해도 안 아까운 문장 4

쇼핑

• 그것보다 더 싸게 주실 수 있나요?
Can you go lower than that?

• 그게 가장 싸게 주실 수 있는 가격인가요?
Is that the best you can do?

• 총 얼마 드리면 되죠?
How much do I owe you?

• 이거 1+1 상품이에요?
Is this a buy-one-get-one-free item?

• 지금 바가지 씌우려는 거예요?
Are you trying to rip me off right now?

• 잔돈 잘못 주셨는데요.
You gave me the wrong change.

• 현금으로 내면요?
What if I pay cash?

• 신용 카드가 승인 거절 됐습니다.
Your credit card was declined.

암기해도 안 아까운 문장 5

식당

• 계산서 좀 가져다주실 수 있나요?

Can I have the check, please?

• 계산서 좀 나눠서 가져다주실 수 있나요?

Can we have separate checks, please?

• 5분만 더 주실 수 있나요?

Could you give us 5 more minutes?

• 컵에 얼음 좀 담아 주실 수 있나요?

Can I have some ice in a cup?

• 저희 마유라는 이름으로 예약했는데요.

The reservation is under the name of Mayu.

• 일단 지금은 그 정도만 주문할게요.

That will be all for now.

• 실례지만, 저희 이거 주문 안 했는데요.

Excuse me, but we didn't order this.

• 계산서 잘못 주신 거 같은데요.

I think you gave us the wrong check.

암기해도 안 아까운 문장 6

대중교통 및 여행지

• 뉴욕 가는 다음 열차 몇 시에 있어요?

What time is the next train to New York?

• 아이들 승차 요금은 얼마예요?

How much is the fare for children?

• 제가 셔틀버스를 놓쳤나요?

Did I miss the shuttle?

• 렌터카 공항에서 반납해도 되나요?

Can I return the car at the airport?

• 거기 가는데 얼마나 걸릴까요?

How long will it take to get there?

• 5분 있다가 도착할게요.

We will be there in 5 minutes.

• 뉴욕에서 뉴저지까지 가는 표 얼마예요?

How much is a ticket from New York to New Jersey?

• 기다려 주세요! 제 남편이 아직 안 돌아왔어요.

Please wait! My husband hasn't come back yet.

암기해도 안 아까운 문장 7

기본 에티켓 및 가벼운 대화

- 먼저 가세요.
  After you.

- 전 다 썼어요. 쓰셔도 돼요.
  It's all yours.

- 의자 빼 드릴게요.
  Let me pull out the chair for you.

- 실례합니다. 지나갈게요.
  Excuse me. Coming through.

- 줄 서신 거예요?
  Are you in line?

- 먼저 계산하셔도 돼요.
  You can go ahead.

- 잠깐 제 자리 좀 맡아 주실 수 있나요?
  Could you save my place for a second?

- 고맙습니다. 엄청 친절하세요.
  Thank you. That's very kind of you.

암기해도 안 아까운 문장 8

응급 상황

• 이 근처에서 아이 보신 분 있나요?
Has anyone seen a child around here?

• 누가 경찰 좀 불러 주세요!
Someone, please call the police!

• 영어를 잘 못해요.
My English isn't so good.

• 토할 것 같아요.
I feel sick. / I feel like throwing up.

• 길을 잃었는데요. 도와주시겠어요?
I am lost. Can you help?

• 강도를 당했어요!
I have been mugged!

• 방 안에/차 안에 열쇠가 있는데 문이 잠겼어요.
I am locked out of my room/car.

• 타이어에 펑크가 났어요.
I've got a flat tire.

EBS 왕초보영어 여행편

발 행 일 | 2021년 12월 10일
3쇄 인쇄일 | 2024년 1월 20일

기 획 | EBS
발행인 | 김유열
지은이 | 마스터유진
디자인 | 디자인싹
편 집 | ㈜ 글사랑
인 쇄 | 팩컴코리아㈜

펴 낸 곳 | 한국교육방송공사 • 경기도 고양시 일산동구 한류월드로 281
신고번호 | 제2017-000193호
교재문의 | 1588-1580

ISBN 978-89-547-6167-3 (13740)